성경 서사 읽기의 이론과 실제

성경 서사 읽기의 이론과 실제

초판1쇄 인쇄 2013년 8월 23일
초판1쇄 발행 2013년 8월 30일

지은이 김춘이 김재현 박인희 오우성
펴낸이 신일희
펴낸곳 계명대학교 출판부
출판등록 1970. 9. 1. (제347-1998-1호)
주소 대구광역시 달서구 달구벌대로 1095
대표전화 053-580-6233
팩스 053-580-6235
홈페이지 www.kmupress.com

ISBN 978-89-7585-642-6 93230
정가 12,000원

이 도서의 국립중앙도서관 출판시도서목록(CIP)은 서지정보유통지원시스템 홈페이지(http://seoji.nl.go.kr)와 국가자료공동목록시스템(http://www.nl.go.kr/kolisnet)에서 이용하실 수 있습니다.(CIP제어번호: CIP2013015735)

성경 서사 읽기의 이론과 실제

김춘이 김재현 박인희 오우성

계명대학교 출판부

Table of Contents

추천의 글

몇 년 전 국내외에서 처음으로 개발된 '성경 이야기 상담'을 만나게 되었습니다. 성경 이야기 상담은 기독교 상담의 한 분야로써 상담 현장에서 성경을 주 텍스트로 사용하고 있었습니다. 이 상담은 내담자를 성경 이야기 세계 속으로 들어가도록 안내하여 그 곳에서 하나님을 만나는 영적인 체험을 통해 변화가 일어나게 하는 것이었습니다.

서사적 읽기에 관한 추천의 글을 쓰면서 왜 성경 이야기 상담에 관한 설명을 하느냐 의아해 하시는 분들이 많으실 것입니다. 그 이유는 바로 서사적 읽기가 성경 이야기 상담의 핵심이기 때문입니다. 이 서사적 읽기는 성경을 문학적인 형식과 수사학적인 방법으로 읽는 것입니다. 성경 해석학의 새로운 형식인 이 방법으로 성경을 읽으면 독자들은 성경을 보다 더 쉽게 읽을 수 있고, 성경 이야기를 통해서 이야기의 주인공들을 만나게 되는 영적인 경험을 하여 그 성경 말씀이 오늘날 독자들에게 살아있는 말씀이 되는 것입니다.

저는 '서사적 읽기'에 대해 더 깊이 알아갈수록 많은 목회자들과 성도들이 이 방법으로 성경공부를 하면 좋겠다는 생각을 갖게 되었습니다. 그래서 성경이야기 상담을 개발한 오우성, 박민수 교수님이 섬기시는 기독영성상담연구소에서 수고스럽겠지만 목회자들과 성도들을 위해 서사적 읽기 방법으로 성경공부 교재를 만들어 주었으면 하는 바람을 갖게 되었습니다. 그런데 이번에 네 분의 저자께서 시의 적절하게 『성경 서사 읽기의 이론과 실제』를 출판 한다는 소식을 듣게 되었을 때 기쁨과 감사의 기도를 하게 되었습니다.

이 책을 쓰신 네 분의 저자들을 살펴보면 개개인의 학문적인 깊이와 넓이 그리고 현장감이 책 속에 그대로 담겨 있다는 것을 알 수 있습니다. 먼저 오우성 교수님은 계명대학교 기독교학과 명예교수님이자 신약성경학자이십니다. 그동안 성경과 심리학간의 학제간 연구를 해 오시면서 이와 관련된 여러 논문과 저서를 출판하셨습니다. 또한 20년 가까이 기독영성상담연구소를 이끌어 오시면서 기독교 상담에 대한 학문적인 연구와 함께 현장에서 신학의 꽃을 피우고 있습니다. 그리고 김춘이, 김재현 두 분 교수님은 계명대학교에 재직하는 상담과 성경 신학자로서 신학과 상담을 접목하는 방법에 대해 연구해 오셨습니다. 두 분은 방학 때 마다 '성경 서사 읽기 세미나'를 대구, 부산, 창원, 대전, 서울 등에서 열어 많은 그리스도인들을 성경 이야기의 세계로 초대하고 있습니다. 또 한분의 저자인 박인희 선생님은 현재 울산광역시 청소년 상담복지센터 상담사로 활동하고 계시는 청소년 상담사입니다. 특히 오랫동안 기독영성상담연구소의 연구원으로 수고하면서 성경 이야기 상담을 개발하는 데 큰 역할을 하셨습니다.

각 분야의 전문가인 네 분의 저자가 만나서 쓴 '성경 서사 읽기의 이론과 실제'는 이론과 실제가 잘 구성되어 있습니다. 이 책은 하나의 이론서로 구성되어 있는 것이 아니라, 서사적 읽기의 구체적인 방법과 지침서가 있는 실제적인 내용들로 구성되어 있습니다. 그리고 이 책은 성경의 소서사, 중서사, 대서사 그리고 구성 요소별로 서사적 성경 읽기를 제시하고 있는 것이 특징입니다. 특히 '어린이를 위한 성경 서사읽기' 부분은 이 땅의 어린이들에게 성경을 재미있게 읽을 수 있는 방법을 가르쳐주고 있습니다. 부모님이나 주일학교 담당 목회자나 교사들이 어린이들에게 하나님의 말씀을 효과적으로 읽게 하는 좋은 방법이 될 것입니다. 주님의 몸 된 교회와 성도들을 위한 좋은 성경공부 교재를 집필하신 네 분의 저자들께 감사의 마음을 전합니다. 그리고 무엇보다 서사적 읽기 성경공부 교재로 인해 이 땅의 많은 그리스도인들이 말씀 안에서 하나님을 만나게 되고 그로 인해 그들의 마음이 풍요로워지며 삶에 기쁨과 행복이 가득하기를 기도드립니다.

대구 서현교회 담임목사 박순오

들어가는 말

우리들은 교회에서 성경을 읽으라는 권고를 많이 들으며 신앙생활을 하고 있습니다. 우리는 성경이 우리 신앙과 삶의 기초요 지도원리라는 것도 잘 알고 있습니다. 문제는 1700 페이지가 넘는 성경을 어떻게 읽어야 하는가 하는 것입니다. 성경읽기 일람표나 Q. T 등을 통해서 체계적인 성경읽기를 위한 편리한 지침이나 방법들을 교회에서는 소개해주고 있습니다. 우리들은 이러한 방법들을 통해서 성경을 읽고 성경에 관한 많은 지식들을 습득하고 있습니다. 그러나 때로 이 성경의 지식을 어떻게 우리들의 삶에 적용해서 이 변화 많고 다양한 세상 속에서 신앙을 지키며 승리하는 삶을 살 수 있는가 하는 질문에 대해서 명확한 답을 얻을 수 없을 때가 많습니다.

이 점은 성경해석학적인 측면에서 이렇게 설명할 수 있습니다. 성경의 온전한 이해는 신학, 역사 및 문학의 측면에서 이해하고 성령의 조명이 있을 때 가능한 것입니다. 그런데 이제까지의 성경공부는 주로 신학적이며 교리적인 메시지와 역사적인 배경지식을 쌓는데 치중하여 왔고 성경의 문학적인 측면을 도외시하였습니다. 그 결과로 성경의 신학적이며 역사적인 지식은 많아졌지만 성경의 지식을 삶에 적용하는 경험이 현저히 부족하게 되었습니다. 성경의 메시지와 지식이 우리들 개개인의 삶의 현장에 적용이 되지 못하여 결국 신앙의 성숙과 삶의 변화가 일어나지 못하게 됩니다.

성경의 문학적인 측면이란 성경저자들이 활용하는 여러 가지 문학적 구상과 수사학적 방법들인데 이 측면은 성경을 우리들의 삶에 쉽게 적용할 수 있도록 해 줍니다. 문학이란 원래 우리들의 삶의 이야기라고 할 수 있는데 성경의 문학적인 측면은 성경의 이야기가 우리들의 이야기가 될 수 있도록 연결해주는 역할을 합니다. 이 책에서 시도하는 것은 종전의 성경읽기의 부족한 부분을 보완해서 구체적으로 삶에 적용하는 부분에 강조점을 두는 것입니다.

하나님은 이야기를 통해 구속의 진리를 전하길 원하십니다. 구약성경의 3분의 1과 신약성경의 2분의 1이 이야기체로 기록되어 있습니다. 이 이야기들은 믿음의 선배들의 이야기이자 오늘 믿음 가운데 살아가는 우리들의 이야기입니다. 먼 과거의 이야기를 오늘 우리들의 마음 깊이 심어주는 분은 성령님이십니다. 결국 성경 서사 읽기는 예수 그리스도와 믿음의 선배들의 이야기를 성령님을 통해서 우리들의 이야기로 읽는 독서체험입니다.

이 체험은 개개인이 성경을 홀로 읽고 공부하는 방법으로는 결코 맛볼 수 없는 재미와 성령 안에서 하나됨의 경험을 하게 해줍니다. 우리가 알듯이, 밥을 혼자 먹는 것보다 여럿이 함께 먹을 때 더 맛이 있고 많이 먹는 것처럼, 성경 읽기를 혼자 하는 것보다 여러 명이 그룹으로 할 때 그 공부가 더 재미있고 역동성이 있습니다. 무엇보다도 성경의 의미를 다양한 각도에서 조명할 수 있고 더 현실적으로 깨달을 수 있습니다. 특히 현대와 같이 개인주의화되는 세대에서 신앙도 개인주의화되어 편협하고 주관적인 양상을 띄게 됩니다. 이런 상황에서 이 성경읽기는 소그룹의 사람들이 참여하여 각기 다른 관점에서 읽는 체험을 함으로써 새로운 관점을 이해하게 되어 신앙의 지평이 넓어집니다. 그래서 이 성경읽기를 할 때 우리들이 보통 시간가는 줄 모르고 장시간 재미있게 그리고 유익하게 할 수 있었다고 생각됩니다.

이 책에서 제시하고 있는 이야기들은 성경의 수많은 이야기들 중의 일부입니다. 여기서 제시된 읽기 사례를 참고로 하여 독자들은 성경의 많은 이야기들 중에 하나를 선택해서 새로운 읽기의 시도를 할 수 있을 것입니다. 그런 의미에서 보면 이 책은 앞으로 읽고 연구할 성경 서사 읽기의 시작인 셈입니다.

특히 주목할 부분은 어린이를 위한 성경 서사 읽기에 대해 실었다는 점입니다. 어린이를 위한 성경 서사 읽기는 부모님이나 선생님들의 지도하에 어린이들이 성경을 재미있고 감동적으로 읽을 수 있도록 만들어졌습니다. 어린 시절의 성경읽기는 어린이들의 신앙성장에 미치는 영향이 크다는 것은 재언할 필요가 없습니다. 그런 의미에서 이 부분은 종전의 성경 읽기와 다른 새로운 시도라 볼 수 있습니다.

이 책은 네명의 저자들이 각기 맡은 분야별로 글을 쓰게 됨으로 문체나 내용면에서 서로 다를 수가 있습니다. 그러나 다른 본문일지라도 일관된 구조 하에서 쓰여졌기 때문에 전체적인 통일성을 유지하고 있습니다. 또한 지도, 그림, 도표 등을 이용해서 성경 이야기들을 재미있고 구체적으로 읽을 수 있도록 구성되어 있습니다. 또한 이 책은 하나님께서 허락하신 많은 분들의 도움으로 빛을 볼 수 있게 되었습니다. 우선 성경 서사 읽기 모임에 참여하여 이야기 세계로의 여행에 동참해 주신 기독영성상담연구소 연구원 한 분 한 분께 감사의 말씀을 전합니다. 또한 늘 사랑을 담아 연구소를 바라봐 주시고 후원해 주시며 특히 이번 책의 추천의 글을 써 주신 기독영성상담연구소 이사장이신 대구 서현교회 박순오 목사님께 감사드립니다. 그리고 우리들이 성경 이야기의 주인공과 함께 길을 걸어갈 때 길잡이가 되어줄 든든한 도구인 지도를 준비해 주신 우물 네트워크 왕혜진 실장님과 변정희 디자이너께 감사를 전합니다. 그리고 무엇보다 성경 이야기 세계로의 여행 흔적을 다른 여행자들과 함께 나눌 수 있도록 해 주신 계명대학교 출판부에 깊은 감사를 드립니다.

우리 네명의 저자들은 많은 그리스도인들이 이 책을 통해 성경을 새롭고 재미있게 읽음으로써 그들의 삶 속에서 하나님의 진리를 생동감 있게 체험하고 삶의 변화가 있기를 기도합니다.

2013년 8월 뜨거운 여름에 저자 일동

1부

성경 서사 읽기의 이론

성경에는 이야기들이 많이 있습니다. 분량으로 말하면 구약성경의 3분의 1 이상, 신약성경의 2분의 1 이상이 이야기로 되어 있습니다. 왜 성경은 많은 페이지를 할애해서 이야기로 구원의 진리를 나타내려고 했을까요? 우리는 이 질문에 답을 하기 위해 먼저 이야기에 대해서 알아보아야 합니다. 성경 서사론은 성경이야기를 학문적으로 다루는 분야입니다.

1부

성경 서사 읽기의 이론

1장
성경 서사 읽기의 이론적 배경

1) 성경 서사론

성경에는 이야기들이 많이 있습니다. 분량으로 말하면 구약성경의 3분의 1 이상, 신약성경의 2분의 1 이상이 이야기로 되어 있습니다. 왜 성경은 많은 페이지를 할애해서 이야기로 구원의 진리를 나타내려고 했을까요? 우리는 이 질문에 답을 하기 위해 먼저 이야기에 대해서 알아보아야 합니다. 성경 서사론은 성경이야기를 학문적으로 다루는 분야입니다.

성경이야기는 두 가지 측면을 가지고 있습니다. 문학 장르로 보면 성경이야기도 이야기에 속합니다. 이야기가 가지고 있는 특징들, 속성, 기능 및 구조 등을 성경이야기도 공유하고 있습니다. 이 분야는 서사비평에서 다룹니다. 그러나 성경이야기는 서사비평만으로는 다 다룰 수 없는 또 다른 중요한 측면이 있습니다. 성경이야기는 성경의 본문이기 때문에 성경으로써의 권위를 가지고 있습니다. 물론, 서사비평에서 성경이 영감 되었다는 사실을 부인하진 않지만 이 측면을 깊이 있게 다루고 있지 못하고 있는 것도 사실입니다. 성경이야기는 성경의 본문이기 때문에 교회의 경전으로써의 권위를 가지고 있습니다. 성경이 권위를 가지는 것은 이 책이 성령의 감동을 입은 사람들이 기록한 것이기 때문입니다. 이 부분은 뒤에 나오는 영감론에서 다루고 있습니다.

① 서사비평

성경 이야기는 문학 장르로 보면 이야기에 속합니다. 그래서 성경 이야기를 이해하기 위해서는 먼저 '이야기란 무엇인가?'에 대해서 살펴볼 필요가 있습니다. '이야기란 무엇인가?'라는 질문이 아주 쉬운 질문인 것 같지만 상당히 어려운 질문 중의 하나입니다. '이야기'라는 용어는 우리 주변에서 자주 듣는 단어로 영화도 이야기, 소설도 이야기, 옛날 이야기도 이야기입니다. 이렇게 우리의 삶 속에서 이야기만큼 많이 다루어지는 주제도 그렇게 흔치 않을 것입니다. 그런데 놀랍게도 많은 사람들은 이야기에 대해서, 그리고 이야기의 본질에 대해서 잘 모르고 있다는 것입니다. 이야기가 무엇인지에 대해 알기 위해서는 먼저 이야기의 구성 요소와 이야기의 기능을 이해하는 것이 선행되어야 합니다.

이야기의 구성요소는 네 가지입니다. 이야기가 되기 위해서는 등장인물과 사건, 배경, 구상(plot)이 있어야 합니다. 이 네 가지 구성요소가 이야기를 시, 산문 그리고 서간체와 구분하는 기준이 됩니다.

먼저, 이야기에는 등장인물이 있습니다. 등장인물에 대해 좀 더 자세하게 살펴보면, 등장인물에는 주된 등장인물과 보조적인 등장인물이 있습니다. 이야기에서 누가 주된 역할을 하느냐에 따라서 주된 인물, 보조적인 인물 또는 주변 인물이 됩니다. 등장인물을 살필 때 가장 중요한 부분이 등장인물의 성격입니다. 등장인물이 '어떤 성격을 가지고 있는가?'하는 것입니다. 등장인물의 성격은 그의 말, 행동, 정서, 사고 및 가치기준

등에 의해서 묘사될 수 있습니다.

두 번째, 이야기에는 사건이 있습니다. 사건은 인과관계를 가지고 있습니다. 즉, 사건은 원인과 결과를 가진 일련의 에피소드를 말합니다. 사건에는 원인 제공자가 있어야 하고 그 원인제공에 따른 결과가 발생해야 합니다. 그러므로 사건을 인과관계라고 합니다.

사건에서 중요한 측면은 사건이 항상 갈등을 내포하고 있다는 것입니다. 이야기에 갈등이라는 요소가 있기 때문에 많은 사람들이 관심을 가지고 몰입하게 합니다. 갈등이라는 것은 여러 가지 측면에서 발생할 수 있습니다.

사람들이 삶을 살아오면서 공통적으로 느끼는 것은 우리의 삶에는 언제나 갈등이 존재한다는 것입니다. 가정에서든지, 직장에서든지, 학교에서든지, 사회나 군대에서든지, 또는 자신의 내면세계에서 공통적으로 존재하는 것이 갈등이라는 요소입니다. 갈등이 있음으로 인해 삶이 고통스럽기도 하지만, 또한 갈등이 있음으로 인해 삶이 변화되기도 합니다. 이야기에 갈등이라는 요소가 없으면 이야기는 재미가 없게 됩니다. 그래서 이야기의 사건 속에는 항상 갈등이라는 요소가 존재 합니다.

갈등이 어떤 대상 간에 발생하느냐? 하는 것은 보는 관점에 따라서 다를 수가 있습니다. 그러나 보통은 인간간의 갈등, 자신과의 갈등, 인간과 자연간의 갈등, 또한 인간과 초자연적인 존재와의 갈등이 존재합니다. 초자연적인 존재는 곧 영적인 존재로 귀신이나 마귀, 또는 성령님과 하나님도 여기에 속합니다. 이야기에는 이렇게 여러 대상간의 갈등이 발생하는데, 갈등은 사건을 이끌어 가는 원동력이라 할 수 있습니다. 다시 말해 사건에는 갈등이 있고 이 갈등에는 인과관계가 있습니다. 성경이야기에서의 갈등은 일반 이야기와는 달리 하나님의 전지 전능하심과 인간의 한계로 인해서 발생합니다. 근원적인 이 갈등은 유한한 인간이 전지전능하신 하나님의 뜻을 받아들이는 과정에서 아니면 이것을 거부하는 과정에서 발생한다고 볼 수 있습니다.[1]

세 번째, 이야기에는 배경이 있습니다. 배경은 시간적 배경, 공간적 배경, 사회적 그리고 종교적 배경 등이 있습니다. 이야기에는 이러한 배경들이 인물들과 사건과 상호작용 하는 것입니다. 여러분은 무대가 없는 연극을 상상해 보았습니까? 연극에서 배경이 중요하듯이 이야기에서도 배경이 중요합니다. 이야기에서의 배경은 그 이야기를 현실적으로 느끼게 하는 중요한 요소입니다.

네 번째, 이야기에는 구상이 있습니다. 구상을 플롯이라고도 합니다. 구상이란 앞에 나오는 이야기의 세 가지 구성 요소인 등장인물, 사건 그리고 배경을 엮어 가는 기술이라고 할 수 있습니다. 구상은 이야기를 조직화하고 체계화하는 기능을 의미합니다. 그러므로 이야기의 세 가지 구성요소인 등장인물과 사건과 배경을 어떻게 엮어 가느냐 하는 것이 구상입니다.

이야기에 세 가지 구성요소가 있더라도 이것을 엮는 방식에 따라 서로 다른 이야기가 될 수도 있는 것입니다. 예를 들면 사람들은 신약성경을 읽으면서 비슷하면서도 같은 네 개의 이야기가 왜 존재하는가? 하는 의문을 가집니다. 복음서에는 마태복음, 마가복음, 누가복음 그리고 요한복

1 T. 롱, 박영미 역, 『성서의 문학유형과 설교』 (대한기독교서회, 2007), 129.

음이 있습니다. 사 복음서는 공통적으로 예수님의 이야기를 다루고 있습니다. 그런데 복음서의 저자가 어떻게 구상하느냐에 따라 이야기가 달라집니다. 우리들이 각기 다른 복음서를 읽을 때 서로 다른 메시지나 느낌을 받습니다. 이것은 바로 이야기를 엮어가는 구상이 다르기 때문입니다.

이상에서 이야기의 구성요소에 대해서 알아보았습니다. 이야기의 구성요소가 있느냐 없느냐에 따라 이야기가 될 수도 있고 아닐 수도 있습니다. 이야기는 다른 문학 형식인 시, 서간문, 또는 다른 산문들과 달리 구성요소가 다양하기 때문에 그 문학 효과도 다양하고 깊이가 있습니다. 성경 이야기도 이야기이기 때문에 성경이야기를 이해하기 위해서는 이야기에 대한 이해가 있어야 합니다. 그러나 성경 이야기는 일반적인 이야기와 공통된 점도 있지만 다른 점도 있습니다. 성경 이야기는 일반 이야기에서 담을 수 없는 하나님과의 만남, 하나님 앞에서의 영혼의 고뇌 등이 있습니다. 그리고 성경 이야기에는 거룩하신 하나님 앞에서 느끼게 되는 죄의식과 두려움 등도 있습니다. 또한 성경에는 매일 성령님과 동행하면서 경험하는 수많은 이야기들이 있습니다. 이러한 이야기들은 일반 이야기로써는 다룰 수 없는 독특한 성경 이야기만의 세계입니다.

이와 같이 성경 이야기 세계는 일반 이야기가 가지고 있지 않는 구원의 이야기, 영적인 이야기들이 있습니다. 창세기에서 요한계시록에 이르기까지의 전체 성경은 하나님께서 인간을 창조하시고 종들을 보내시고 결국 그 아들 예수그리스도를 보내셔서 구원하시고, 궁극적으로 피조 세계를 온전하게 회복하시는 하나님의 장대한 구원계획이 담겨 있는 성경 이야기입니다.

일반 이야기로써는 이러한 성경 이야기를 다 담을 수 없습니다. 성경 이야기가 구원받은 사람들에게 독특한 메시지를 전달하는 것은 성경 이야기가 성령님의 감화를 통해서 기록 되고, 성령님을 통해 전달되었기 때문입니다. 그러므로 우리는 성령님의 도우심으로 성경 이야기를 이해하고 나눌 수 있습니다.

다시 말해 성경 이야기는 일반 이야기가 가지고 있는 속성을 가지고 있으면서 동시에 성경은 하나님의 말씀이라는 성경만의 독특한 세계를 가지고 있습니다. 따라서 성경 이야기를 올바르게 이해하기 위해서는 성경의 저자가 되시는 성령님의 도우심이 필요합니다.

성경 이야기를 이야기체로 읽는다는 것은 그 이야기에서 어떤 신학적 메시지나 교훈 또는 교리를 찾아내기 이전에 성경 이야기 세계 속에서 새로운 경험을 하는 것입니다. 이 새로운 경험은 독자가 성경 이야기 세계 속에 있는 어떤 인물과 만나거나 혹은 사건 속으로 휘말려 들어가거나 배경에 끌리게 될 때 경험하는 것입니다. 우리들이 이러한 경험을 하기 위해서는 성경 이야기를 읽는 방식을 바꾸어야 합니다. 그것은 성경을 이야기 형식으로 읽는 것입니다. 이야기 형식은 교리적 진술이나 역사적 기술보다 신앙의 진수를 더 효과적으로 전달 할 수 있습니다. 성경 이야기를 이야기 형식으로 읽는 방법은 다음과 같습니다.

첫째, 성경 이야기를 장, 절의 구분 없이 흐름을 파악하면서 읽습니다.

둘째, 성경 이야기의 구성요소별로 읽습니다. 즉 인물, 사건, 배경, 및 구상을 보다 섬세하게 살펴봄으로 성경 이야기가 제시하고 있는 새로운 세계를 탐구합니다.

셋째, 상상력을 발휘하면서 성경 이야기를 읽어야 합니다. 저자가 성경 이야기를 통해서 전달하고자하는 세계를 경험하기 위해서 독자는 충분한 상상력을 발휘해야 합니다. 이렇게 함으로써 독자는 공감이나 감정이입의 경험을 할 수 있습니다.

넷째, 틈 메우기를 하면서 읽어야 합니다. 성경 이야기를 읽으면서 그 흐름에 틈이 있어 연결이 잘되지 않는 부분은 본문 안에서 주어지는 내부 지식과 본문 밖에서 얻은 외부지식을 통해서 연결시켜야 합니다. 이것을 틈메우기라 합니다.

성경 속에는 길고 짧은 다양한 이야기들이 있습니다. 성경에는 소서사(단편 이야기), 중서사(중편 이야기) 그리고 대서사(장편 이야기)들이 있습니다. 단일 사건으로 구성된 예수 그리스도의 시험 이야기는 소서사(단편 이야기), 일정 기간에 걸쳐 여러 사건이 일어나는 수난 이야기는 중서사(중편), 긴 시간에 걸친 예수님의 전체 이야기는 대서사(장편 이야기)입니다. 또한 성경 전체를 하나의 거대 서사로 볼 수 있습니다. 그 이유는 성경 전체가 이야기의 구성요소들인 인물, 사건, 배경 및 구상을 통해서 이해될 수 있기 때문입니다. 그리고 성경 전체 이야기는 다양한 소서사(단편 이야기)들, 중서사(중편) 및 대서사(장편 이야기)와 불가분의 관계를 가지고 있기 때문입니다. 다시 말하면 거대 이야기는 성경 안에 있는 다양한 이야기들의 해석학적인 큰 틀을 제공하며, 성경을 일관성 있게 읽을 수 있는 객관적 기준을 마련해 줍니다.

② 영감론

성경의 역사성을 강조하는 역사비평과는 달리 서사비평은 성경의 지금-여기에서의 직접적인 적용을 강조합니다. 성경의 현재적 실현은 성경의 본문과 독자사이의 상호작용으로 일어나는데 이 측면은 일반문학 작품에서 일어나는 현상과는 달리 성경의 영감성으로 인해서 독특한 양상을 띄게 됩니다. 영감론을 여기서 다루는 이유는 우리가 성경 서사 읽기를 할 때 이 현상이 우리들에게 일어나고 있기 때문입니다. M. A. 포웰(Powell)은 이것을 잘 지적하고 있습니다: 계시는 독자와 텍스트의 상호작용을 통해서 지금 일어나는 사건으로 생각되어지기 때문에 성령의 능동적인 역할은 해석의 과정에 핵심적입니다.[2]

그러면 성경 이야기와 독자사이에 계시와 영감이 일어나는 이유는 무엇이며 그것이 어떻게 일어나게 되며 또한 참된 영감인지 아닌지를 어떻게 분별할 수 있을까요?

바울이 디모데에게 보내는 편지에서 "모든 성경은 하나님의 감동으로 된 것으로 교훈과 책망과 바르게 함과 의로 교육하기에 유익하니"라고 말하고 있습니다. 여기서 '하나님의 감동'(theophneustos)은 '하나님의 영감'(표준새번역), '하나님의 계시'(공동번역), 'inspired by God'(RSV), 'God-breathed'(NIV)등으로 번역하고 있습니다. 이것은 성경의 특성을 의미하는 것으로 성경의 거룩성과 하나님으로부터의 기원을 의미합니다. 하나님의 감동 또는 영감이란 말은 원래 인간의 글과 말이 어떻게 하나님의 뜻이 되고 진리가 될 수 있는가 하는 질문에 답하기 위한 것입니다. 하나님이 감추어둔 자신의 뜻을 나타내시는 것을 계시라고 합니다: '시몬 베드로가 대답하여 이르되 주는 그리스도시요 살아계신 하나님의 아들이시니이다. 예수께서 대답하여 이르시되 바요나 시몬아 네가 복이 있도다 이를 네게

2 M. A. 포웰, 이종록 역,『서사비평이란 무엇인가』(대한예수교장로회총회, 2002), 150.

알게 하신 이는 혈육이 아니요 하늘에 계신 내 아버지시니라(마 16:16, 17).' 영감론은 하나님의 계시가 어떻게 인간의 글, 말, 행위, 환상, 꿈, 기호, 비유, 은유 등을 통해서 바르게 전달되는가 하는 것을 연구하는 분야입니다. 이 이론은 인간적인 수단이 하나님의 목적을 이루는 과정을 다룬다고 할 수 있습니다.

영감론은 주로 저자가 어떻게 하나님의 진리를 받아 기록했는가 하는 측면을 다루지만 기록된 말씀의 해석과 적용과정에도 독자의 성령감동이 있어야 합니다. 신앙공동체나 개인은 현실세계에서 문제들을 만나고 시련을 당할 때 성경말씀을 찾게 되는데 성경말씀을 통해서 문제해결의 체험을 할 때 그 말씀은 새로운 차원에서 이해되어집니다. 구원사적인 성경해석의 관점에서 보면 하나님께서 처음에는 저자를 영감시키셔서 그 메시지를 돌판이나 지면에 기록하셨습니다. 그러나 그 후 이 말씀들이 기억되지도 않고 지켜지지도 않게 되자 하나님께서는 그 메시지를 마음판에 기록하신다고 하셨는데 이것은 독자들을 영감시키는 것입니다: '그러나 그 날 후에 내가 이스라엘 집과 맺을 언약은 이러하니 곧 내가 나의 법을 그들의 속에 두며 그들의 마음에 기록하여 나는 그들의 하나님이 되고 그들은 내 백성이 될 것이라 여호와의 말씀이니라(렘 31:33).' 에스겔도 이와 유사한 예언의 말씀을 하고 있습니다: '또 새 영을 너희 속에 두고 새 마음을 너희에게 주되 육신에서 굳은 마음을 제거하고 부드러운 마음을 줄 것이며 또 내 영을 너희 속에 두어 너희로 내 율례를 행하게 하리니 너희가 내 규례를 지켜 행할 지라(겔 36:26, 27).'

사도 바울은 자신의 사역이 바로 하나님의 이 새 언약에 의한 말씀사역으로 생각했습니다. 그는 하나님께서 예레미야와 에스겔을 통해서 예언하신 그 사역이 이제 시작되고 있고 그 사역을 위해서 그가 소명을 받

았다고 믿었습니다: '너희는 우리로 말미암아 나타난 그리스도의 편지니 이는 먹으로 쓴 것이 아니요 오직 살아계신 하나님의 영으로 쓴 것이며 또 돌판에 쓴 것이 아니요 오직 육의 마음판에 쓴 것이라(고후 3:3).'

칼빈에 의하면 성령은 말씀 안에서 이중적으로 활동하시는데 외적으로는 성경의 전체 권위를 보증하고 내적으로는 성경의 구체적인 내용을 계시하십니다. 이것을 각각 신적 구술(divine dictation)과 내적 조명으로 정의했습니다. 칼빈은 성령으로 기록된 말씀이 온전하게 이해되기 위해서는 독자들의 마음에 성령의 역사가 있어야 한다고 보았습니다: 오직 하나님 자신만이 자신의 말씀에 고유한 증거자가 되시기 때문에 이 말씀들은 성령의 내적 조명에 의해서 각인되기 전까지는 사람들의 마음속에 완전한 의미를 나타내지 않는다; 우리 신앙의 확신의 근거를 이성, 판단, 추측 이상의 곳에서, 즉 성령의 은밀한 증언에서 찾아야 한다.[3]

야고보는 각인된다는 것을 '심겨진다'는 말로 표현했습니다: '그러므로 모든 더러운 것과 넘치는 악을 내버리고 너희 영혼을 능히 구원할 바 마음에 심어진 말씀을 온유함으로 받으라(약 1:21).'

과거에 먼 곳에서 기록된 말씀이 현재 여기에서 구체적인 개개인에게 살아있는 말씀으로 변화되기 위해서는 성령의 내적 조명이라는 역사가 있어야 합니다. 이 역사로 말미암아 개개인의 삶에 역동적인 변화가 일어납니다. 이 변화야말로 바로 개개인을 성숙시키는 과정이자 계기가 됩니다. 루터와 같은 종교개혁자들은 성경의 권위를 말씀의 변화시키는 능력에 있다고 믿었습니다. 그들은 성경이 오랜 역사를 통해서 계속적인 권위

3 J. Calvin, Institutes of the Christian Religion (Philadelphia: Westminster Press), I, VII, 4.

를 가지는 것은 성령의 끊임없는 변화 사역 때문이라고 생각했습니다.

성령은 저자를 영감시켜 말씀을 기록할 뿐 아니라 독자를 영감시켜 기록된 말씀을 이해하도록 합니다. 성령의 저자영감은 내용영감으로써 하나님의 진리를 돌판이나 지면에 기록하는데 필수적인 과정이었습니다. 후대에 와서 이 영감된 메시지가 독자의 삶 속에서 구현되게 하기 위해서는 독자영감이 필요하게 되었습니다. 이것이 예레미야가 말하는 새 언약의 핵심입니다. 즉 이제 하나님의 진리를 알게 하는 차원을 넘어 그 진리가 이스라엘 백성의 삶을 변화시키도록 하겠다는 것입니다. 그렇게 하기 위해서는 그 진리가 그들의 마음에 기록되어야 하고 그 마음에 기록되기 위해서는 성령의 감동하심이 있어야 합니다. 삶의 변화는 구원을 이루어나가는 필수적인 과정입니다. 바울은 "두렵고 떨림으로 구원을 이루라"라고 말합니다(빌 2:12). 구원을 이루어 나가는 것은 소위 말하는 구원의 여정을 따라 가는 것인데 이 여정은 로마서 8장 27절에서 30절에 잘 기록되어 있습니다. 하나님은 미리 아시고 예정하시고 부르시고 의롭다 하시고 또한 영화롭게 하십니다. 많은 교인들은 칭의(의롭다 하심)와 영화 사이에서 매일의 삶을 살아가고 있는데 궁극적인 목표인 영화에 이르는 과정을 어려워하고 있습니다. 이 과정은 삶의 변화로 이루어지는데 이 변화는 성령의 감동을 입은 말씀읽기에서 시작됩니다.

W. 이저(Iser)는 우리의 독서경험을 "기대, 위축, 반성, 그리고 재구성"이라는 점진적 과정으로 설명하지만[4] 독서과정은 심리적 과정일 뿐 아니라 성령께서 역사하시는 과정이기도 합니다. 성령은 독자로 하여금 성경이야기의 관점에 공감하게 하며 그 관점을 실현시키고자 하는 인물들에 끌

4 M. A. 포웰, op. cit., 46.

리게 하며, 그것을 방해하는 인물들에게 반감을 느끼도록 만드십니다. 사건의 줄거리는 사탄의 방해로 긴장과 위기가 있지만 궁극적으로 하나님의 뜻이 실현되어가는 과정으로 이해하도록 성령께서 역사하십니다.

사람이 하나님의 뜻을 이해하기란 어렵습니다. 예측도 어렵고 실행하기란 더욱 어렵습니다. 가이샤라 빌립보에서의 베드로처럼 우리는 예수를 위한다고 생각하고 행동할 때가 많지만 실은 하나님의 뜻을 방해하는 경우도 적지 않습니다. 그럼에도 불구하고 우리가 하나님의 뜻을 행하는 사람들과 공감하고, 이해할 수 없는 사건 가운데서 하나님의 뜻을 발견하고, 눈에 보이지 않는 하나님의 나라를 꿈꾸며, 이 세상의 타락과 불완전성을 고백하는 것은 바로 성령의 역사 때문입니다,

그러나 우리가 성령의 사역을 기대하고 의존해야 하지만 특별히 유의해야 할 것이 있습니다. 이것은 오늘날 독자와 텍스트 사이에 일어나는 상호작용으로써의 계시와 영감은, 성경의 저자들에게 나타난 것과 같은 직접 계시나 영감이 아니고 이미 주어진 말씀을 통한 간접 계시이며 영감이라는 것입니다. 여기서 '간접'이란 용어를 붙인 것은 오늘날의 계시는 성경 말씀을 통한 계시이며 독자 영감은 성경 말씀을 통한 영감이기 때문입니다. 교회사적으로 보면 교회가 성령에 대해서 적극적으로 설교하고 교육하지 않은 이유 중의 하나가 영지주의자들이나 신비주의자들에 의한 성령의 직접계시 주장들 때문입니다. 이런 문제들을 염두에 두고 성경은 이것을 분명히 밝히고 있습니다: '그러하나 진리의 성령이 오시면 그가 너희를 모든 진리 가운데로 인도하시리니, 그가 자의로 말하지 않고 오직 듣는 것을 말하시며 장래일을 너희에게 알리시리라(요 16:13).' 또한 성령은 예수의 말씀과 불가분리의 관계에 있음을 분명히 하고 있습니다: '보혜사 곧 아버지께서 내 이름으로 보내실 성령 그가 너희에게 모

든 것을 가르치시고 내가 너희에게 말한 모든 것을 생각나게 하시리라(요 14:26).'

저자가 참된 영의 영향아래 있었느냐 그렇지 않느냐 하는 질문은 성경이 만들어지는 과정에서 중요했던 것처럼 오늘날 성경의 해석 과정에서도 동일하게 중요합니다. 왜냐하면 거짓된 영이나 악한 영도 영이요 그것들도 영감시키기 때문입니다: '사랑하는 자들아, 영을 다 믿지 말고 오직 영들이 하나님께 속하였나 시험하라. 많은 거짓 선지자가 세상에 나왔음이니라(요일 4:1).' 심각한 문제는 영감이론 자체만으로는 거짓된 영과 참된 영을 구분하기가 어렵다는 것입니다. 따라서 영감현상은 항시 그것과 불가분의 관계에 있는 다른 성경적 요소들, 즉 공동체의 분별과 성경적, 신학적 기준, 교권 또는 윤리적, 도덕적 기준 등이 필요합니다. 초대 교회 때 정경이 형성되던 시기의 기준으로는 영감성 외에 보편성과 사도성이 있었습니다. 보편성이란 그 책이 많은 교회의 보편적 인정을 받고 있느냐의 문제이고 사도성은 그 책의 저자가 사도이거나 사도의 동역자이어야 한다는 것입니다. 이것은 책의 내용이 신뢰할 만한 원자료이냐 아니냐하는 질문과 관련이 있습니다.

저자의 영감에 관한 분별의 문제는 오늘날 독자의 영감문제에도 그대로 적용됩니다. 독자가 성령의 감동을 입고 성경을 바르게 해석하고 있는가 하는 질문은 바른 성경 해석의 필수적인 점검사항입니다. 성경자체에서도 그릇되고 사사로운 해석에 대해 경고하고 있습니다. 아래의 경고는 정확히 말하면 구약의 예언 해석을 지적하여 말하고 있지만 성경해석의 전반적인 주의 사항으로 유의할 필요가 있습니다: '먼저 알 것은 경의 모든 예언은 사사로이 풀 것이 아니니 예언은 언제든지 사람의 뜻으로 낸 것이 아니요 오직 성령의 감동하심을 입은 사람들이 하나님께 받아 말한

것임이니라(벧후 1:20, 21).'

성령에 의한 영감된 해석의 분별기준으로써 성경에 나타난 것들을 종합해 보면 대략 다음과 같습니다.

먼저, 초대교회의 보편성의 기준과 같이 영감된 해석은 교회나 신앙공동체의 보편적 지지가 있어야 합니다. 이 기준에 의하면 올바른 성경해석은 공동체의 유익이나 덕을 끼쳐야 한다는 것입니다. 이것을 위해서 교회나 공동체의 지도자들의 지도와 권면을 받아야 합니다.

둘째, 영감된 해석은 성경의 구원 진리와 내용이 일치해야 합니다. 이 말은 영감된 해석은 성경의 다른 부분들에서 기록된 말씀과 조화를 이루어야 하며 그 말씀 밖으로 넘어가서는 안 된다는 것입니다.

셋째, 영감된 해석은 독자들의 삶에서 예수 그리스도의 형상을 이루어 나가는데 도움이 되어야 한다는 것입니다. 이 해석은 예수 그리스도의 자기 희생적 사랑을 독자들의 삶에서 열매 맺게 해야 된다는 것입니다. 구체적으로 말하면, 갈라디아서 5장 22절에서 23절에 있는 성령의 아홉가지 열매가 영감된 해석을 통해서 추구해야 할 목표가 되며, 5장 19절에서 21절에 있는 육체의 일이 피해야 할 목록들입니다. 이상에서 열거한 기준들은 대략적인 것으로써 보다 구체적이고 상세한 기준이 보완되어야 합니다.

2장 성경 서사 읽기의 방법론

1) 서사 읽기의 이해

1장 〈성경서사 읽기의 이론적 배경〉에서는 서사비평과 영감론을 살펴봄으로써 성경이야기의 독특한 측면들을 이론적으로 알아보았습니다. 2장 〈성경 서사 읽기의 방법론〉에서는 성경이야기를 이야기로 읽는 구체적인 방법에 대해서 알아보겠습니다. 여기에서는 성경이야기를 기존의 읽기방식에서 탈피하여 이야기체 본문이 가지고 있는 특징과 기능을 충분히 살려서 읽는 서사 읽기 방법을 소개하겠습니다.

① 서사 읽기의 개념

많은 분들이 서사적으로 읽는다는 말을 어렵게 생각합니다. 이 말을 좀 더 쉽게 풀이하면 성경 이야기를 이야기체로 읽는 것입니다. 일반적으로 사람들은 성경을 읽으면서 메시지를 찾으려고 하고 교훈과 교리 그리고 신학적인 사상 등을 찾고자 노력합니다.

서사 읽기란 성경 이야기 속에서 어떤 메시지, 교리, 교훈, 신학사상을 찾기 이전에 먼저 성경을 이야기로 읽는 것입니다. 성경의 많은 부분은 이야기체로 기술이 되어 있기 때문에 이야기로 되어 있는 성경을 이야기로 읽는 것이 성경 저자의 의도에 따른 읽기입니다.

성경이 기록된 고대 사회에서는 청중이나 교인들 대다수가 글을 읽지 못했습니다. 그들의 90~95%가 문맹 상태였습니다. 그렇기 때문에 그 시대 사람들에게 성경을 이해하게 하기 위해서는 성경을 이야기로 읽어줘야 했습니다. 그러다 보니 성경 이야기를 듣는 청중들은 성경을 이야기로 듣는 훈련이 잘 되어있었다고 볼 수 있습니다.

성경이 이야기체로 기록된 것도 저자가 글을 모르는 청중들에게 성경의 진리를 이야기로 쉽게 이해할 수 있도록 하기 위한 것입니다. 그렇기 때문에 성경 이야기를 가장 잘 이해하기 위해서는 저자가 의도 했던 대로, 먼저 성경 이야기를 이야기체로 읽는 훈련이 필요한 것입니다. 이것이 서사 읽기입니다.

② 서사 읽기의 방법

서사적 읽기를 어떻게 하는가? 어떻게 성경 이야기 본문을 이야기체로 읽을 수 있는가? 아래에서는 이 질문들에 응해서 성경 이야기를 서사적으로 읽는 방법을 알려 드리도록 하겠습니다.

1단계, 성경 이야기를 이야기의 전체 맥락으로 읽는 것입니다.

성경을 서사적으로 읽기 위해서 탈피해야 하는 것은 성경을 장과 절로 구분해 읽는 습관입니다. 대부분 기독교인들은 성경을 장과 절을 구분하여 읽는 습관이 배어 있습니다. 그러나 성경을 기록할 당시 성경에는 장과 절의 구분이 없었습니다. 성경을 장과 절로 구분한 것은 11~12세기의 일입니다. 성경의 저자들은 장과 절의 구분 없이 성경을 처음부터 끝까지 계속해서 이야기체로 기록 했다는 것입니다.

그러므로 성경을 서사적으로 읽기 위해서는 우선 성경에 나와 있는 장과 절을 의식하지 않고, 성경을 처음부터 끝까지 하나의 전체적인 흐름을 따라서 읽는 훈련을 하는 것입니다.

2단계, 성경 이야기를 이야기의 구성 요소별로 읽는 것입니다.

성경 이야기에는 네 가지 구성 요소가 있습니다. 이야기의 구성 요소는 등장인물, 사건, 배경, 구상입니다. 그래서 성경 이야기를 읽을 때 네 가지 구성 요소를 염두에 두고 읽어야 합니다. 이 네 가지 구성 요소를 좀 더 구체적으로 파악하면서 읽는 훈련이 필요합니다. 그러면 성경 이야기를 구성요소별로 구체적으로 읽는 방법은 무엇일까요?

– 처음에는, 등장인물들을 마음에 그려봅니다.

성경 이야기에는 여러 인물들이 등장합니다. 성경 이야기의 인물들 중 '누가 주된 인물인가? 누가 보조적인 인물인가?'를 파악합니다. 그 다음에는 그 인물을 보면서 '어떤 성격의 인물일까?'하는 것을 파악해 보는 것입니다. 즉 '성경에 등장하는 인물이 어떤 말을 하는가? 어떤 행동을 하는가? 그 인물은 어떤 생각을 하는가? 그 인물은 어떤 정서를 가지고 있는가? 그 인물은 어떤 삶의 가치를 가지고 있는가?'라는 질문을 하면서 성경 이야기를 읽는 것입니다. 등장인물에 대해서 이러한 것을 파악하면 그 인물이 누구인가 하는 것을 머릿속으로 그릴수가 있게 됩니다. 이렇게 함으로 그 인물이 했던 말과 행동과 생각 그리고 느낌과 가치관 등을 살펴볼 수 있게 됩니다. 그리고 그 인물이 '어떤 신체적인 조건을 가지고 있는가?'를 파악해 보는 것도 도움이 됩니다. 이렇게 묘사함으로써 그 인물은 좀 더 우리에게 가깝게 다가올 수 있고, 공감과 감정이입이 될 수 있는 것입니다.

– 두번째는, 사건을 중심으로 읽습니다.

이벤트라고 하는 사건도 이야기 속에서 보면 주된 사건이 있고, 부수적인 사건이 있습니다. 주로 주된 사건을 중심으로 해서 그 사건을 파악해 보는 것입니다. 그리고 이 주된 사건에 얽힌 부수적인 사건은 무엇인가를 파악해 보는 것이 필요합니다. 이렇게 주된 사건과 부수적인 사건이 무엇인가를 파악하고 나면 그 다음으로 '이 사건이 어떤 원인으로 발생하였는가?' 즉, 사건의 인과관계를 파악하는 것입니다. 그 다음에 이 사건으로 인해 '어떤 갈등이 생기는가? 누구와 누구 간에 갈등이 생기는가?'를 파악합니다.

인과관계 속에서 발생하는 사건의 중요한 요소 중에 하나가 갈등이라는 요소입니다. 갈등은 일정한 구조를 가지고 있습니다. 갈등이 발생하여 점점 심화되어지면서 절정에 다다르고, 그 절정에서 점차적으로 갈등이 해소 되면서 종결이 되는 이러한 구조를 가지고 있습니다. 이런 극적인 효과를 자아내는 성경의 역사기술 방법은 현대의 사실적, 시간 진행중심의 사건 기술 방법과 다릅니다. 성경의 사건은 독자로 하여금 극적인 효과를 느끼도록 기술되어 있습니다.

– 세번째는, 배경을 면밀히 파악합니다.

이야기에서 배경이 중요한 것은, 그것이 앞에 나오는 사건이나 등장인물과 불가분한 관계에 있기 때문입니다. 이렇게 이야기의 구성 요소가 서로 불가분의 관계에 있기 때문에 등장인물과 사건 그리고 배경의 관계를 중심으로 이야기를 잘 파악하는 것이 중요합니다.

배경은 시간적, 공간적, 사회적, 정치적, 종교적 배경 등을 의미합니다. 이야기의 배경은 시대적으로 어느 시대인가? 공간적으로 어디에서 발생했는가? 하는 것을 밝히는 것입니다. 특히 성경에서는 정치적이고 종교적인 배경이 중요합니다. '그 시대의 율법이나, 종교적인 관습이 무엇인가?'를 파악하는 것이 중요합니다.

– 마지막에는, 구상을 알아봅니다.

이야기의 저자는 이야기 안에 등장하는 인물과 사건 그리고 배경을 통해서 어떤 메시지를 전달하고자 합니다. 저자가 어떤 관점을 제시하느냐에 따라 이야기의 중요한 부분이 결정됩니다. 저자가 전체 이야기를 통해서 무엇을 말하고자 하는가? 독자들에게 들려주고자 하는 메시지는 무엇인가? 저자는 어떤 관점으로 이야기에 등장하는 인물과 사건 그리고 배경을 바라보고 있는가? 하는 것들은 이야기에서 매우 중요한 것들입니다.

이 단계에서 독자들은 신학적이면서 성경적인 메시지를 찾을 수 있습니다. 사실 저자가 이야기 속에 인물을 등장시키고, 사건을 설정하고, 배경을 만드는 궁극적인 목표가 메시지나 관점을 전달하려고 하는 것입니다. 성경의 저자들은 역사를 하나님의 장구한 구원 이야기로 보고 있습니다. N. 프라이(Frye)는 성경의 창세기부터 계시록까지의 전체가 단일한 원형적 구조하에 있음을 말하고 있는데 이 구조는 구원의 역사를 이야기체로 표현한 것입니다.[5]

요약하면, 독자가 이야기의 네 가지 구성 요소들을 살펴봄으로써 성경 이야기의 전체적인 흐름과 이야기의 구성 그리고 저자가 이야기를 통해 전달하고자 하는 메시지를 객관적으로 파악하게 하는 것이 '서사 읽기'입니다.

3단계, 성경 이야기를 상상 하면서 읽는 것입니다.

서사 읽기를 효과적으로 하기 위해서는 성경이야기에 대해서 충분한 상상력을 가지고 읽어야 합니다. 서사적 읽기에서는 성경에 나오는 이야기에 대해 단순히 객관적이고 역사적인 지식을 파악하는 것이 아니라 충분한 상상력을 가지고 등장인물과 사건 그리고 배경을 전체적으로 그려 보는 것이 중요합니다. 이렇게 상상력을 가지고 연상함으로써 성경 이야기가 생명력 있게 자신의 삶에 다가오게 하는 것이 서사 읽기에서 중요한 단계라고 할 수 있습니다.

우리가 성경 이야기를 읽을 때 단락별로 끊어질 때가 있는 데 이것을 '이야기의 틈'이라고 합니다. 이 틈은 성경을 읽는 독자들이 메우기를 해야 합니다. 독자들은 성경의 외부와 내부의 지식과 상상력을 가지고 그 틈을 메워야 합니다. 상상력을 통해서 성경 이야기를 하나의 큰 흐름으

---

5 D. F. 톨미, 이상규 역, 『서사학과 성경내러티브』(기독교문서선교회, 2008), 15.

로, 하나의 살아있는 이야기 세계로, 삶에서의 실존으로 우리에게 다가오게 하는 것이 서사 읽기의 효과입니다.

성경의 세계는 독자들이 가지고 있는 문제의 근원을 이야기 해 줍니다. 그러므로 독자들을 성경 이야기 세계로 초대하는 것은 이 세상 속에서는 그 답을 찾을 수 없는 그들을 새로운 세계로 안내하는 것입니다. 즉, 세상의 조건과 환경 그리고 구조 속에서는 도저히 답을 찾지 못하는 독자들을 성경 이야기 속으로 초대함으로써, 그 성경 세계 속에서 자신을 새롭게 발견하고 새로운 가능성을 찾게 되고 해답을 찾을 수 있다는 것입니다.

이 서사 읽기를 효과적으로 잘하게 되면 독자들은 자기문제에서 벗어나 새로운 세계를 경험하게 되면서 새로운 가능성을 찾게 됩니다. 그러므로 서사 읽기는 독자들에게 삶의 희망을 찾게 해주는 경험을 하게 합니다. 요약하면, 서사 읽기는 독자들로 하여금 성경 이야기 속에서 인물들을 만나고, 사건을 체험하고, 배경에 끌리고, 그리고 메시지를 익히게 하는 과정입니다.[6] 이러한 경험을 통해서 독자들은 삶의 새로운 의미와 신앙의 기쁨을 회복할 수 있습니다.

③ 다른 성경공부와의 관계

'성경 서사 읽기'가 그리스도인이 성경을 접하는 방식과 어떤 관계가 있는지 간략하게 언급하고자 합니다. 신학을 전문적으로 연구하지 않는 평신도들이 성경을 접하는 방법에는 여러 가지가 있습니다. 평신도들이 성경을 접하는 가장 대표적인 방법은 '통독'입니다. 어떤 면에서 통독은

6 보다 자세한 내용은 오우성, 박민수, 『성경이야기 상담』 (두란노, 2010) 참조.

가장 기본적인 성경 읽기라고 할 수 있습니다. 통독은 성경의 큰 맥락을 잡는데 유효합니다. 성경 통독과 성경 서사 읽기는 성경을 분해해서 읽는 것이 아니라 전체적으로, 즉 '통'으로 읽으려고 한다는 점에서 공통점을 가집니다. 초신자에게는 Q.T보다 통독이 더 효과적이며 필요한데, 통독을 통해서 전체적인 맥락을 충분히 파악한 이후에 개별 말씀들을 읽을 때 성경을 보다 적절하게 이해하게 됩니다. 그런데 단순한 통독만으로는 성경의 심층적인 이야기 세계로 들어가지 못할 수도 있습니다. 이런 면에서 볼 때 성경 서사 읽기는 성경통독을 보완하고 심화시키는 공부라고 생각해도 무방할 것입니다. 이야기로 읽는 방법을 배우고 적용한 이후에 성경을 읽으면 보다 심화된 새로운 성경통독이 가능해 집니다.

성경읽기의 또 다른 방법 중 하나는 'Q.T'입니다. Q.T의 장점은 성경을 깊이 있게 읽을 수 있고, 적용해서 읽을 수 있다는 점입니다. 그리고 매일 성경을 읽을 수 있다는 점도 Q.T의 장점 중 하나입니다. 그래서 성경을 사랑하는 많은 사람들은 지금도 Q.T를 실행하고 있습니다. 그런데, 이렇게 커다란 장점을 가진 Q.T도 한계를 가지고 있습니다. Q.T는 전체적인 이야기 맥락보다는 개별단위의 말씀들(대략 10~20절, 혹은 1장)에서 매일의 삶을 위한 적용에 초점을 맞추게 되기 쉽습니다. 그리고 단락으로 끊어진 본문에서 하루에 필요한 적용에 초점을 맞추다보니 본문의 전체흐름과 멀어질 수도 있습니다.

성경 서사 읽기와 Q.T는 모두 본문과 독자를 만나게 하며 그를 통해서 하나님의 말씀과 연결시킨다는 점에서 공통점을 가집니다. 그러나 성경 서사 읽기와 Q.T 사이에는 차이점도 있습니다. 성경 서사 읽기의 핵심은 성경 이야기 세계 속으로 들어가는 것입니다. 반면 Q.T는 하나님의 말씀 속에서 영의 양식(교훈)을 얻고 하루를 살아가는 것에 초점이 맞추어져 있습니다. 성경 서사 읽기가 성경 이야기 세계 속으로 걸어들어가는 것을 중요하게 여긴다면, Q.T는 성경 이야기 속의 생명의 양식을 내 삶의 현장으로 가져오는 것에 초점이 맞추어져 있습니다. 성경 서사 읽기가 관찰에 보다 큰 비중을 둔다면, Q.T는 관찰과 해석을 무시하는 것은 아니지만 성경 서사 읽기에 비해서 적용에 큰 비중을 둔다고 할 수 있습니다.

성경 서사 읽기는 관찰을 강화시킨다는 면에서 Q.T를 보완할 수 있습니다. 또 성경 서사 읽기를 잘 활용하면 Q.T에 접목될 수 있고, 이를테면 이야기 Q.T와 같은 새로운 방식의 Q.T가 가능해 질 수 있을 것입니다.

'성경 서사 읽기'는 성경을 공부하고자 하는 평신도 뿐 아니라 목회자에게도 도움을 줄 수 있습니다. 목회자가 이야기로 성경을 공부하면 '이야기 설교'를 구성할 때 도움이 됩니다. 실제로 성경 이야기 읽기 모임에 참여하신 목사님들은 이 공부가 설교에 도움이 된다고 말씀해 주셨습니다. 이야기 설교는 단순히 성경이야기를 반복하는 것이 아닙니다. 이야기 설교를 하기 위해서는 성경 이야기에 대한 깊은 이해가 있어야 하고, 그것을 구성하고 전달하는 능력이 필요합니다. 그러므로 이야기 설교를 시도하려는 목회자에게도 '성경 서사 읽기'는 기초적인 작업이 됩니다.

이처럼 '성경 서사 읽기'는 그리스도인들이 성경을 접할 때 다양한 도움을 제공하는 성경독서의 방법입니다.

전 세계적으로 한국교회는 기도를 열심히 하는 교회로 알려져 있습니다. 새벽기도로 대변되는 한국교회의 기도는 매우 중요한 신앙 전통입니다. 그러나 동시에 한국교회는 초기부터 성경을 매우 사랑하며 열심히 연구한 교회였습니다. 부흥회 이전에 선교사님들로부터 시작된 성경공부가 있었습니다. 부흥회와 더불어 사경회의 전통도 있었습니다. 다음은 마포삼열(Samuel A. Moffet) 박사가 1910년 에딘버러 세계 선교대회에서 발표한 내용을 요약한 것입니다.

먼저 한국 교회는 성경을 사랑하고 말씀을 공부하는(studying) 교회이다. 성경 사경반(Bible Training Classes)과 양육반은 교육과 양육, 그리고 그 교회 전체를 하나의 전도하는 공동체로 발전시키는데 가장 중요한 요인으로 작용하고 있다. 여기에 참석하는 사람들의 열의는 대단한데 어떤 여인들은 200마일의 길을 걸어서 오기도 하며, 남자반과 여자반이 구별되어 5명에서 500명까지 모이는 이러한 사경반이 전국에 2500개 이상이 있고, 공부를 마치고 나온 이들은 한 가지 메시지를 가지고 길거리에나 골짝에 있는 집까지 찾아간다[7].

성경을 너무나 알고 싶어서 쌀 한가마니를 지고 먼 곳을 다녔다는 이야기도 전해집니다. 지금도 성경통독, 성경공부, 성경암송, 성경필사 등 성경을 공부하는 귀한 모임들이 이어지고 있습니다. 이제 성경 서사적 읽기가 개발되어 한국교회의 성경공부 전통에 또 하나의 귀중한 공헌을 하기를 바랍니다.

2) 서사 읽기의 장점

기독교는 하나님의 말씀인 성경에 기초하고 있습니다. 진실한 그리스도인들은 하나님의 말씀을 사랑하며 그것을 읽고, 듣고, 묵상하며 살아갑

7 김은수, 『현대선교의 흐름과 주제』, (대한기독교서회, 2010), 28-29.

니다. 성경은 그야말로 그리스도인의 삶에 있어서 매일의 양식이며, 하나님으로부터 온 사랑의 편지이며, 자신을 돌아보는 거울입니다.

성경은 다양한 장르로 구성되어 있습니다. 성경에는 시, 편지, 예언과 같은 장르도 있지만, 신구약 66권 중 다수는 이야기라는 장르로 기록되어 있습니다. 심지어 성경 전체를 천지 창조부터 세상의 종말을 포괄하는 거대한 이야기책으로 볼 수도 있습니다. 성경이 주로 이야기로 기록되었다는 것, 이것은 서사 읽기의 중요한 토대인데 지금까지 신학과 성경공부에 있어서 이러한 성경의 서사성은 다소간 잊혀져왔습니다.

대체적으로 지금까지의 성경 읽기는 성경의 이야기 자체보다 교리와 신학 그리고 역사적 지식과 같은 명제의 차원에 주의를 집중해 왔습니다. 교리와 신학은 신앙생활에서 반드시 필요한 것입니다. 그러나 신앙생활은 교리나 신학으로만 파악되거나 설명할 수 없는 다양한 구체성을 지닙니다. 따라서 교리나 신학에만 집착할 때 삶의 구체성과 생명력을 놓칠 수 있습니다.

성경의 진리를 구체적인 삶에 보다 쉽게 적용할 수 있는 방법은 성경의 문학적인 측면을 살리는 것입니다. 성경은 신학, 역사 및 문학의 세가지 측면을 가지고 있습니다. 문학적 측면이란 성경이 신학과 역사적 내용을 담고 있지만 이 내용은 문학이란 수단을 통해서 표현되고 전달되는 것입니다.

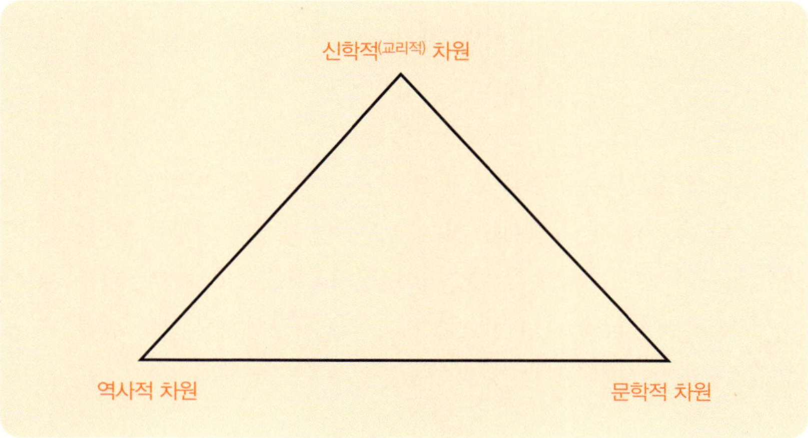

[그림 1] 성경의 3가지 차원(신학적, 역사적, 문학적) 삼각형

성경의 진리가 문학의 수단 즉 이야기, 시, 서신, 산문 등과 같은 형식을 통해서 독자들에게 전달되기 때문에 이 문학적 표현 양식과 특성을 연구하는 것이 성경의 진리를 바로 파악하는데 중요한 것입니다. 성경은 다양한 문학적 장르로 기록되어 있지만 그중 이야기체가 지배적인 장르입니다.

그래서 성경을 바로 이해하기 위해서는 이야기의 특성과 기능을 아는 것이 필요합니다. 성경 서사 읽기는 성경의 이러한 서사성을 회복하고자 하는 의도를 가지고 있습니다. 성경 서사 읽기를 통해서 성경을 이야기로 읽을 때, 성경의 이야기 세계가 교리 및 신학과 어우러져서 풍성하게 되는 경험을 하게 될 것입니다. 성경 서사 읽기를 통해서 성경이 은혜로운 책일 뿐 아니라 드라마틱하고 매력적인 하나님의 말씀이라는 사실을 체험하게 될 것입니다.

– 성경 서사 읽기는 쉽고 재미있습니다.

성경 서사 읽기의 장점은 무엇보다도 쉽고 재미있다는 것입니다.

많은 사람들이 성경을 딱딱하고 어려운 것으로 생각합니다. 흔히 하는 말로 잠이 안 오면 성경을 읽으라는 농담이 있을 정도입니다. 그만큼 내용이 어렵고 성경은 지루하다는 인식이 많이 있습니다.

그러나 성경을 이야기로 읽으면 무척 쉽고 재미있습니다. 이야기라는 장르 자체가 모든 사람이 공감하고 이해할 수 있는 장르이기 때문입니다. 그래서 영화나 드라마로 표현된 이야기는 남녀노소 할 것 없이 누구나 이해할 수 있고 또 즐길 수 있습니다.

헤로도토스의 『역사』를 보면 이야기에 관한 이야기가 나옵니다. 누군가 헤로도토스에게 이야기가 무엇인지 물었습니다. 그 때 헤로도토스는 이야기가 무엇인지를 다음의 이야기로 말해 주었습니다.

옛날에 페르시아 제국이 이집트에게 승리하고 왕과 그 식솔들을 잡아왔다. 왕을 그냥 죽이는 것은 그에게 큰 모욕과 타격을 줄 수 없기 때문에, 그를 묶어 놓고 그의 왕비와 자녀를 차례로 고문하고 죽였다. 그러나 그 이집트 왕은 그 광경을 의연하게 받아들였다. 그런데 이집트 왕실의 가장 비천한 자가 그 왕 앞에서 죽었을 때, 갑자기 의연하던 그 왕이 울음을 참지 못하고 대성통곡을 했다. 지금까지도 그 왕이 왜 그러했는지 알 수는 없다.

이것이 바로 이야기입니다. 왜 그랬는지 독자들이나 청중들로 하여금 끊임없이 흥미를 가지게 하는 것, 사건의 원인과 결말에 대해서 끊임없이 궁금증을 가지게 하는 것, 이야기에는 놀라운 매혹이 있습니다.

실제로 성경 서사 읽기를 해보면 참여한 사람들이 은혜롭다, 참 재미있었다고 소감을 말하는 경우가 많습니다. 그렇습니다! 하나님의 말씀은 은혜로울 뿐 아니라 재미있으며, 참으로 매혹적이고 또한 흥미롭습니다. 성경읽기가 아무리 은혜롭고 좋은 것이라고 하더라도 과정이 너무 지겹고 어려우면 쉽게 성경에 손이 가지 않을 것입니다. 그런 의미에서 이야기로 성경읽기가 가진 흥미의 요소는 성경 서사 읽기의 큰 장점이라고 할 수 있습니다.

– 성경 서사 읽기는 성경의 이야기 세계 속으로 몰입하게 합니다.

성경 서사 읽기의 흥미는 성경 이야기 속으로의 몰입과 밀접한 관련이 있습니다. 모든 이야기가 그렇지만 성경 이야기는 특히 우리를 이야기 세계 속으로 몰입하게 합니다. 어쩌면 성경 서사 읽기의 가장 큰 장점은 이러한 몰입의 능력입니다. 이야기로 성경을 읽으면 시간 가는 줄을 모릅니다.

성경 서사 읽기를 하다 보면 감정이입이 빨리 되어서 등장인물과 쉽게 동화되는 재능을 가진 사람들이 종종 있습니다. 이런 사람들이 성경 서사 읽기를 잘 할 수 있습니다. 사실상 성경 서사 읽기는 성경 지식을 많이 가진 사람들이 아니라 이야기 세계 속으로 잘 들어가는 재능을 가진 사람이 가장 잘 할 수 있는 성경공부입니다. 꼭 이런 재능이 없더라도 대부분의 사람들은 정도의 차이를 가지지만 이야기 세계 속으로 들어갈 수 있는 능력을 가지고 있습니다. 성경 서사 읽기는 평범한 신앙인들이 성경 이야기 세계 속으로 몰입할 수 있도록 돕기 위한 성경 읽기 방법입니다.

– 성경 서사 읽기는 지속성을 가지고 있습니다.

이야기 세계 속으로의 몰입을 경험하게 되면 그 이야기는 잊혀지지 않고 마음과 영혼 속에 남습니다. 성경 서사 읽기의 또 다른 장점 중 하나는 바로 이러한 지속성입니다. 흔히 목사님들의 설교 중 다른 것은 다 잊어버려도 예화는 잊지 않는다는 말이 있습니다. 10년 전에 했던 설교라도 설교 내용은 잊을망정 예화는 잊혀지지 않습니다. 성경 서사 읽기 역시 이야기로 되어 있어 이러한 지속성을 가지고 있습니다.

원래 이야기라는 것은 기억 전략과도 밀접한 관련이 있습니다. 옛날에 이야기를 전했던 사람들은 대체로 글이 없는 문화에서 기억에 의존해서 이야기를 전해 주었습니다. 그래서 이야기와 기억은 밀접한 관련을 가지고 있습니다. 그렇기 때문인지 이야기로 성경을 공부하면 그 내용을 가장 잘 기억할 수 있게 됩니다. 이야기로 구조화된 것은 잘 사라지지 않습니다. 이런 점에서 아동기나 청소년기의 성경 서사 읽기는 정말로 중요합니다. 이들에게 성경 이야기가 내면화되고 구조화되면 평생 동안 영향을 미칩니다.

– 성경 서사 읽기는 더 깊은 성경공부로 인도합니다.

성경 서사 읽기를 함께한 어떤 사모님은 성경 서사 읽기를 '세밀화를 그리는 작업'이라고 시적으로 평가했습니다. 성경 서사 읽기를 해 보면 성경의 이야기를 세밀하게 공부할 수 있게 됩니다. 마치 안경을 쓰고 나면 흐릿하던 시야가 분명해지고, 현미경 렌즈의 배율을 맞추면 흐릿하던 것이 밝아지는 것처럼 성경 서사 읽기를 하면 애매하고 흐릿하던 이야기가 명료해집니다. 그래서 우리는 성경 이야기를 더 분명하고 더 정확하게 공부하게 됩니다. 아름다운 산도 멀리서 바라보며 '봉우리가 몇 개 있구나'라고 생각하는 것과 직접 그 산을 오르며 하나 하나 감상하는 것은 그 감상의 깊이가 다릅니다. 성경 서사 읽기는 세밀하게 성경 이야기를 더듬으며 깊게 감상하고 공부하는 방법입니다.

성경을 이야기로 읽다보면 막히거나 연결되지 않는 부분이 생깁니다. 그러면 그 문제를 풀기위해서 고심을 하게 됩니다. 그것을 풀려고 노력하다가 풀 수 없을 때 주석책을 읽게 됩니다. 그 전에는 어렵게만 느껴지고 불필요하게 느껴지던 주석책인데, 성경 서사 읽기를 하면 정말 귀중한 도구로 바뀝니다. 특히 시간적 배경, 공간적 배경, 사회적 배경을 공부할 때 이러한 해설서들은 꼭 필요하게 됩니다. 그 때문에 성경 서사 읽기를 한 후 더 깊은 공부에 대한 열망을 가지게 되는 사람들이 많습니다.

– 성경 서사 읽기를 통해 신앙의 관점 안에서 인생의 깊이를 배우게 됩니다.

성경 서사 읽기를 통해서 성경의 등장인물들의 삶과 죽음을 깊게 공부하고 묵상하게 되면 나의 삶에서 일어나는 일들을 깊이 성찰하게 됩니다. 물론 성경의 교훈을 통해서도 삶을 깊이 있게 성찰할 수 있습니다. 그러나 이야기로 성경을 공부할 때 서사적 차원에서 조명되는 삶의 깊이가 있습니다. 그러한 조명과 감동은 심오한 문학작품을 읽었을 때 삶의 깊이를 깨닫게 되는 것과도 다소 비슷한 효과를 발휘합니다. 그러나 이때의 조명과 감동은 일반 문학작품의 조명과 감동을 능가하는 신적인 조명과 감동이며, 신앙의 차원에서 이루어지는 조명과 감동입니다. 이는 서사적 은혜, 문학적인 방식으로 임하는 은혜입니다. 그러므로 성경 서사 읽기는 성경의 등장인물들의 이야기를 통해서 우리의 삶의 이야기를 깨닫게 하여 내 삶의 이야기의 의미를 발견하도록 돕습니다. 결국 이것은 신앙적 성숙으로 이어집니다.

– 이야기 공부가 깊어지면 성경 전체 이야기와의 맥락에서 생각하게 됩니다.

이것도 성경 서사 읽기를 하다보면 발견하게 되는 패턴입니다. 성경 서사 읽기가 깊어지면 거의 대부분 성경 전체 이야기와의 맥락과 마주치는 단계에 도달하게 됩니다. 이야기를 처음부터 끝까지 공부하고 나면 갑자기 '이 이야기가 전체 성경 이야기와 어떤 맥락에 있는가?'라고 하는 질문이 생깁니다. 이를 통해 일종의 구속사적인 차원에 대한 시야가 열립니다. 개별 이야기는 성경 전체 이야기의 맥락에서 재조명되고, 전체 이야기는 개별 이야기의 이해를 통해서 새로워집니다.

3) 서사 읽기의 지침과 질문법

성경 서사 읽기의 장점을 소개했으니 이제 성경 서사 읽기에 대해서 간략하게 설명하고자 합니다. 성경 서사 읽기의 본질과 성경공부 때 사용하는 질문지는 마지막에 있습니다. 아래에서는 성경 서사 읽기의 지침에 대해서만 간략하게 알려드리고자 합니다.

① 서사 읽기의 본질

성경 서사 읽기를 하고자 하는 사람은 성경 서사 읽기의 이론과 방법을 어느 정도 숙지해야 합니다. 그래서 이 책의 앞부분은 성경 서사 읽기의 이론을 다루고 있습니다. 이론을 정확하게 파악하는 것은 중요합니다. 어떤 모임에서 들은 이야기인데, 한국에서는 프로그램을 소개하면 이론적인 부분은 생략해 달라고 요구하는 경우가 더러 있다고 합니다. 한국 사람들이 다소 성격이 급해서 이론적인 부분이나 본질적인 부분을 오래 이야기하면 지겨워한다는 것입니다. 그래서 세계 여러 나라에서는 그렇게 하지 않는데 한국인만을 위해서 이론적인 부분을 제외하고 매뉴얼만 전달하는 강의가 개설된다고 합니다. 물론 방법론과 매뉴얼은 중요합니다. 그러나 동시에 이론도 중요합니다. 아니, 이론이 더 중요합니다. 그래서 성경 서사 읽기를 올바르게 하기 위해서는 다소 힘이 들더라도 이론적인 부분을 정독할 필요가 있습니다.

② 서사 읽기의 지침

성경 서사 읽기를 할 때의 지침은 다음과 같습니다.

첫째, 성경 서사 읽기의 진정한 교사와 지도자는 성령님이시라는 것을 명확히 해야 합니다. 성령님께 맡기고 기도로 시작하고 기도로 마칠 때 더 은혜로운 공부가 될 것입니다.

둘째, 성경 서사 읽기를 할 때에는 다소 귀납법적인 접근이 좋습니다. 귀납적인 접근이란 다양한 사례들을 먼저 수집하고 그것들을 종합하는 방식입니다. 기존에 받았던 은혜와 깨달음을 버리지 말아야 하지만 그 기존의 은혜가 더 깊은 성경공부를 막아서도 안 될 것입니다. 그러므로 성경 이야기 읽기를 할 때에는 교회가 지정한 가이드라인을 벗어나지 않는 범위 안에서 성경 이야기 자체의 내용에 집중하는 것이 좋습니다. 인간이 해석한 성경 이야기 세계는 항상 성경 이야기 세계 자체보다는 부족한 세계입니다.

셋째, 초급 단계에서는 가급적이면 성경 이외의 다른 책을 너무 많이 참조하지 않는 것이 좋습니다. 성경 서사 읽기는 성경 본문을 중요하게 여기는 본문 중심의 성경공부 방법이기 때문입니다. 먼저 본문 안에서 충실하게 공부한 다음 그래도 해결되지 않는 틈이 있을 때 해설서나 주석을 참조하는 것이 좋습니다. 성경 서사 읽기를 경험한 많은 사람들은 다른 자료 없이 성경 자체만으로도 충분히 성경의 이야기 세계로 들어갈 수 있었습니다. 물론 더 깊은 공부를 위해서는 해설서나 주석이 필요합니다. 그러나 해설서나 주석은 어디까지나 본문을 충실히 공부한 이후에 참조하기 위해서 사용되어야 합니다.

넷째, 이야기 세계로 충분히 들어가기 전에 교훈이나 의미의 차원으로 건너뛰는 것을 유보해야 합니다. 성경 서사 읽기는 교리나 신학 이전의 이야기 세계에 들어가는 것을 중요하게 여기기 때문에 귀납적 성격이 강합니다. 그래서 귀납적 성경공부 방법의 핵심인 '관찰-해석-적용'의 순서가 중요합니다. 이런 면에서 성경 서사 읽기는 본문 중심의 성경공부인 동시에 관찰과 적용 중심의 성경공부라고 할 수 있습니다. 그래서 질문지가 중요합니다. 질문지대로 공부하여 이야기 세계에 충분히 들어간 이후에 신앙적인 의미나 교훈으로 나아가야 합니다.

③ 중서사 읽기

성경 서사 읽기는 짧은 본문의 성경으로 시작하는 것이 좋습니다. 그래서 먼저 4장으로 이루어진 룻기와 요나서부터 시작하는 것을 추천합니다. 두 성경은 짧은 본문으로 이루어진 탁월한 이야기이기 때문에 성경 서사 읽기의 맛을 느끼기에 적합합니다.

4장으로 이루어진 룻기나 요나서를 공부할 때에는 대략 4회기의 기간을 정하고 다음과 같이 진행할 수 있습니다. 2009년 여름과 2010년 여름에 실시한 예안성경연구실 주관 성경 서사 읽기 모임에서는 룻기와 요나서를 각각 4회기에 걸쳐서 성경 서사 읽기를 실시했습니다. 대략 1회기에 2~3시간 정도 소요되므로, 한 주에 한 번 정도 하는 것이 적당합니다. 열심 있는 신앙인은 그 이상으로 시간을 내어서 공부할 수도 있을 것입니다. 먼저 한 주는 등장인물을, 다음 주에는 사건을, 그 다음 주에는 배경을, 마지막 주에는 구상을 공부합니다. 이런 식으로 4회기 동안 이야기로 성경을 공부하면 한달 동안 룻기나 요나서의 세계 속에서 살게 됩니다. 또한 한 이야기를 인물, 사건, 배경, 구상으로 나누어 공부하면 각각 다른 차원의 성경을 네 번 정도 반복적으로 조망하기 때문에 상당히 풍성한 공부가 됩니다.

짧은 책에 대한 성경 서사 읽기의 장점은 성경 이야기 전체를 '통'으로 읽을 수 있다는 것입니다. 성경 서사 읽기는 이야기 전체의 차원이 중요하기 때문에 가급적이면 잘라내지 않고 통으로 읽으려고 합니다. 그런 면에서 중서사는 서사 읽기의 초보 단계에서도 전체적인 조망을 가능하게 한다는 장점을 가지고 있습니다.

④ 대서사 읽기

마태복음이나 창세기 같은 긴 책을 전체적으로 조사하는 일은 매우 어렵습니다. 그래서 긴 장편 이야기는 2~3장을 단위로 질문지를 적용합니다. 그래서 전체 범위를 다 공부하고 난 다음에 전체를 되돌아보는 방법을 취합니다. 가급적이면 한 회기에 두장을 넘지 않는 것이 좋습니다. 긴 이야기 공부의 커리큘럼을 구성하는 방법에 관해서는 에스더, 아브라함

이야기, 마가복음의 예를 들어 설명하고자 합니다.

성경 서사 읽기의 방법으로 에스더를 공부할 때, 6회기의 커리큘럼을 활용하는 것이 가능합니다. 앞에서 말씀드린 것처럼 매주 1회기 분량을 하는 것이 적당합니다.

1회기 : 에스더 1~2장
2회기 : 에스더 3~4장
3회기 : 에스더 5~6장
4회기 : 에스더 7~8장
5회기 : 에스더 9~10
6회기 : 전체 이야기의 주된사건 / 부수적인 사건, 평면적 인물 / 입체적 인물, 구상 등을 설정

긴 책을 대상으로 성경 서사 읽기를 할 때에는 매 회기마다 앞에 있었던 이야기를 연결하는 시간을 가져야 합니다. 이 때 반드시 처음부터 시작해야 하고 누적적으로 줄거리를 이어야 합니다. 이렇게 줄거리를 이을 때 앞에서 공부한 것이 복습이 되기도 하고 이야기의 연속성을 보존할 수 있습니다.

마지막까지 다 공부하고 나면 전체 이야기의 주된사건과 부수적인사건을 결정하는 시간을 가집니다. 전체 이야기의 주된사건과 부수적인사건을 어떻게 설정하느냐에 따라 이야기의 이해가 달라집니다. 그리고 전체 인물 중 주요한 인물들이 평면적 인물인지 입체적 인물인지 결정하는 시간도 가지는 것이 좋습니다. 이 때 이야기 전체의 맥락에서 인물을 이해할 수 있습니다.

창세기는 전체 이야기를 공부하는 것이 가장 좋지만 시간적 여건이 허락하지 않으면 다음과 같은 커리큘럼을 만드는 것도 가능합니다.

1회기: 창세기 11장 27절~ 13장
2회기: 창세기 14장 ~ 15장
3회기: 창세기 16장 ~ 17장
4회기: 창세기 18장~ 19장
5회기: 창세기 20장~ 22장
6회기: 창세기 23장~ 25장 11절
7회기: 전체 이야기의 주된사건 / 부수적인 사건, 평면적 인물 / 입체적 인물, 구상 등을 설정

4회기까지는 2장 분량을 공부하고 5회기부터는 3장 분량을 공부하면 됩니다. 이런 방식으로 진행자가 성경 이야기의 분량을 정하면 그에 따라 성경 서사 읽기를 할 수 있습니다. 마가복음은 16장으로 이루어져 있기 때문에 8주간 2장씩 나누어 공부하면 16장 전체를 공부할 수 있습니다. 그러나 시간이 허락되지 않는다면 3장씩 6주간에 걸쳐서 할 수도 있습니다.

1회기 : 마가복음 1~3장
2회기 : 마가복음 4~6장
3회기 : 마가복음 7~9장
4회기 : 마가복음 10~12장
5회기 : 마가복음 13~16장
6회기: 전체 이야기의 주된사건 / 부수적인 사건, 평면적 인물 / 입체적 인물, 구상 등을 설정

⑤ 서사 읽기 질문법

다음과 같이 구성 요소별로 구분하여 질문해봄으로써 독자들은 성경 이야기를 보다 생동감 있게 공부할 수 있습니다.

등장인물

1. 이야기에서 주된 인물은 누구이며 보조적 인물은 누구입니까?

주된 인물:

보조적 인물:

2. 인물들의 성격은 어떻습니까? 복합적인 성격입니까 아니면 단순한 성격입니까?

3. 각각의 인물들의 성격을 좀 더 상세하게 묘사할 수 있습니까?

그 인물의 말이나 말투는 어떻습니까?

그 인물의 행동이나 행동방식은 어떻습니까?

그 인물은 어떤 생각을 하고 있습니까?

그 인물의 정서(감정)는 어떻습니까?

그 인물의 신념이나 가치관은 무엇입니까?

4. 각각의 인물들의 외모나 신체적 특징이 있습니까? 있다면 어떤 것입니까?

사 건

1. 이 이야기에서 주된 사건은 무엇이며 부수적인 사건들은 어떤 것입니까?

주된 사건 :

부수적인 사건 :

2. 주된 사건에 관계된 인물들은 누구이며 그들 상호간의 관계는 어떠합니까?

3. 이 사건은 어떤 원인으로 발생했으며 그 주된 갈등상황은 무엇이며 어떻게 진행됩니까?

4. 이 사건에서 갈등의 절정은 언제이며 그것은 어떻게 해소되어 갑니까?

5. 이 사건이 이야기의 다른 사건들에 어떤 영향을 미칩니까?

배 경

1. 이 이야기는 언제 일어났으며, 시간적 배경은 무엇입니까?

2. 이 이야기의 공간적 · 장소적 배경은 무엇입니까?

3. 이 이야기의 정치 · 종교 · 경제적 배경은 무엇입니까?

4. 이 이야기의 배경이 인물들과 사건들에 어떤 영향을 미칩니까?

구 상

1. 저자가 이야기를 전개해 나가는 관점은 무엇이며 어떻게 표현되어 있습니까?

2. 저자가 독자에게 요구하는 전제들이나 사전 지식은 무엇입니까?

3. 저자가 독자에게 전하고자 하는 메시지는 무엇입니까?

4. 저자가 사용하는 수사학적 기법들(반복, 대조, 비교, 복선, 강조 등)은 무엇입니까?

2부

성경 서사 읽기의 실제

지금까지 이론적인 부분을 중점적으로 살펴보았습니다. 2부에서는 '질문지'를 중심으로 실제 성경 서사 읽기를 해 보고자 합니다. 성경 서사 읽기의 핵심은 성경 이야기 세계 속으로 들어가는 것입니다. '질문지'는 이야기 세계 속으로 들어가는 도구입니다. 성경 서사 읽기를 처음 하는 분들은 질문지를 충실하게 따라가 보십시오. '질문지'를 충실하게 따라가다보면 성경 이야기 세계 속으로 들어가는데 도움을 얻을 수 있을 것입니다.

2부

성경 서사 읽기의 실제

지금까지 이론적인 부분을 중점적으로 살펴보았습니다. 2부에서는 '질문지'를 중심으로 실제 성경 서사 읽기를 해 보고자 합니다. 성경 서사 읽기의 핵심은 성경 이야기 세계 속으로 들어가는 것입니다. '질문지'는 이야기 세계 속으로 들어가는 도구입니다. 성경 서사 읽기를 처음 하는 분들은 질문지를 충실하게 따라가 보십시오. '질문지'를 충실하게 따라가다보면 성경 이야기 세계 속으로 들어가는데 도움을 얻을 수 있을 것입니다.

성경에는 다양한 이야기들이 있습니다. 그리고 그 이야기들의 길이와 분량도 다양합니다. 긴 이야기부터 시작하면 힘들게 느껴질 수도 있습니다. 그래서 짧은 이야기부터 시작하는 것이 좋습니다. 여기에서는 성경 서사 읽기를 용이하게 하기 위해서 서사 단위를 소서사, 중서사, 대서사, 거대서사로 구분해 보았습니다. 소서사는 에피소드처럼 짧은 분량의 이야기입니다. 예를 들어 복음서의 「혈루증 앓던 여인 이야기」나 「향유부은 여인 이야기」는 소서사에 해당됩니다. 중서사는 『룻기』나 『요나』처럼 에피소드 분량은 넘어서지만 대서사에는 미치지 못하는 이야기를 말합니다. 대서사는 「아브라함 이야기」, 『에스더』, 『마가복음』, 『사도행전』과 같은 긴 이야기를 말합니다. 신구약 성경 전체는 거대 서사에 해당됩니다.

성경 서사 읽기를 시도할 때 먼저 필요한 일은 성경 서사의 단위를 정하는 것입니다. 처음에는 너무 긴 본문으로 하지 말고 짧은 이야기로 해 보는 것이 좋습니다.

3장
소서사 읽기

1) 수로보니게 여인 이야기(마가복음 7:24-30)

수로보니게 여인의 이야기는 마가복음 7장에 위치하고 있습니다. 마가복음 1장에서 6장까지의 긴 이야기가 진행된 이후에 수로보니게 여인 이야기가 나옵니다. 특히 수로보니게 여인 이야기가 나오기 전의 상황을 보면, 예수님께서는 장로들의 전통의 문제로 예루살렘에서 온 바리새인 및 서기관과 격렬하게 논쟁을 하셨습니다. 그래서 예수님은 게네사렛 땅을 떠나 이방지역인 두로 지방까지 가셨습니다. 예수님은 이 때 한 집에 들어가 조용히 숨어 지내려고 하셨지만 결국 예수님께서 그 집에 계시다는 사실이 알려지고 말았습니다(막7:24). 그때 수로보니게 여인이 예수님을 찾아와 이야기가 진행됩니다.

등장인물

1. 이야기에서 주된 인물은 누구이며 보조적 인물은 누구입니까?

주된 인물은 예수님, 수로보니게 여인이며 보조적 인물은 제자들과 수로보니게 여인의 딸이 있습니다.

2. 인물들의 성격은 어떻습니까? 복합적인 성격입니까 아니면 단순한 성격입니까?

예수님은 부드러운 면과 무서운 면을 동시에 갖고 있는 복합적인 성격인 것 같고, 수로보니게 여인은 딸을 살리기 위해 자존심까지 다 버리는 어머니의 모습을 보여주는 단순한 성격인 것 같습니다.

3. 각각의 인물들의 성격을 좀 더 상세하게 묘사할 수 있습니까?

– 그 인물의 말이나 말투는 어떻습니까?

예수님의 말투는 다소 냉소적이고, 은근히 확인해 보는 걸 좋아하시는 것 같습니다. 반면에 수로보니게 여인은 절박한 심정이 담긴 말투로 예수님께 딸을 살려달라고 애원하고 있습니다. 예수님이 자신에게 하신 말씀이 무슨 뜻인지 알아차릴 정도로 센스가 있고, 말하는 것에 재치가 있는 것 같습니다.

– 그 인물의 행동이나 행동방식은 어떻습니까?

예수님은 아무도 모르게 움직이려고 하셨지만 결국에는 사람들에게 들키셨습니다. 수로보니게 여인은 예수님의 발 아래 엎드리는 모습을 보아 어머니로서의 강한 모습이 보입니다.

– 그 인물은 어떤 생각을 하고 있습니까?

예수님은 유대인에게 베풀 은혜를 이방인에게 베풀 수 없다고 말씀하셨습니다. 수로보니게 여인은 은혜를 누리기 위해서는 인간적인 모욕을 개의치 않습니다.

– 그 인물의 정서(감정)는 어떻습니까?

예수님은 냉정하게 말씀하셨지만, 결국에는 여인을 불쌍히 여겨 딸을 고쳐주십니다. 수로보니게 여인은 처음에 예수님을 찾아 왔을 때는 예수님이 고쳐 주시지 않으면 어쩌지 하는 두려운 감정이 있었을 것이고, 또 그 두려움 만큼 예수님에 대한 기대감으로 가득 차 있었을 것입니다. 그리고, 딸이 고침을 받는다는 말씀을 들었을 때는 기뻤을 것입니다.

– 그 인물의 신념이나 가치관은 무엇입니까?

예수님은 은혜가 유대인을 위한 것이라는 신념을 가지고 계십니다. 여인은 자녀이거나 아니거나 은혜를 받는 것이 중요하다는 신념이 있습니다.

사 건

1. 이 이야기에서 주된 사건은 무엇이며 부수적인 사건들은 어떤 것입니까?

주된 사건은 예수님께서 수로보니게 여인의 귀신 들린 딸을 고쳐 주신 것입니다.

2. 주된 사건에 관계된 인물들은 누구이며 그들 상호간의 관계는 어떠합니까?

예수님, 수로보니게 여인이 주된 사건에 관계된 인물이며 이 둘의 관계는 강자와 약자의 관계, 고칠 수 있는 자와 고침을 받아야 하는 자의 관계인 것 같습니다.

3. 이 사건은 어떤 원인으로 발생했으며 그 주된 갈등상황은 무엇이며 어떻게 진행됩니까?

수로보니게 여인의 딸이 귀신 들린 일이 사건의 원인이 되었습니다. 그 어머니가 딸을 고쳐야겠다는 생각으로 예수님을 찾아갔는데 예수님은 그 간청을 거절하는 반응을 보이십니다.

4. 이 사건에서 갈등의 절정은 언제이며 그것은 어떻게 해소되어 갑니까?

예수님께서 여인을 '개'라고 표현하며 치유를 거절하실 때 갈등이 절정에 달합니다. 여인은 그런 예수님의 모습에 화를 내거나, 되돌아 가지 않고 오히려 자존심을 버리고 예수님의 말씀을 인정하면서 간절히 간구했습니다. 그리고 그 모습을 보고 예수님께서 그 여인의 딸을 고쳐 주시면서 갈등은 해소됩니다.

5. 이 사건이 이야기의 다른 사건들에 어떤 영향을 미칩니까?

이스라엘과 오랫동안 원수 관계에 있던 수로보니게 여인의 딸을 치유한 사건으로 말미암아 복음이 유대뿐 아니라 온 땅에 퍼져 나갈 것을 몸소 보여 주셨습니다. 그리고, 예수님은 더 이상 유대 민족만의 메시아가 아니라 온 인류를 구원하시는 메시아의 모습을 보여줍니다.

배 경

1. 이 이야기는 언제 일어났으며, 시간적 배경은 무엇입니까?

시간적 배경을 알 수 있는 단어는 없습니다.

2. 이 이야기의 공간적 · 장소적 배경은 무엇입니까?

예수가 게네사렛에서 두로로 이동하시면서 두로 지역에 있는 한 사람의 집입니다.

3. 이 이야기의 정치 · 종교 · 경제적 배경은 무엇입니까?

당시 유대인들은 이방인들을 아주 경멸하는 분위기였습니다.

4. 이 이야기의 배경이 인물들과 사건들에 어떤 영향을 미칩니까?

수로보니게 여인이 유대인인 예수님께 나오는 걸음이 쉽지 않았을 것입니다. 반면에 예수님께서 이방 지역에 오신 이 때가 아니면 유대 지역에 계신 예수님을 찾아가기란 너무 어려운 일이었기 때문에 이 때를 놓칠 수 없었을 것입니다.

[그림 2] 예수 시대의 팔레스틴

구 상

1. 저자가 이야기를 전개해 나가는 관점은 무엇이며 어떻게 표현되어 있습니까?

이방인에게도 기적을 베푸시는 예수님을 묘사하면서, 예수님이 유대인들에게만 아니라 이방인들도 포용하시는 모습을 보여줍니다.

2. 저자가 독자에게 전하고자 하는 메시지는 무엇입니까?

이방인도 구원의 대상이 될 수 있음을 보여줍니다. 포기하지 않고 하나님의 은혜를 구하는 모습을 긍정적으로 표현하고 있습니다.

3. 저자가 사용하는 수사학적 기법들(반복, 대조, 비교, 복선, 강조 등)은 무엇입니까?

수로보니게 여인과의 대화를 살펴보면 자녀와 개를 각각 유대인과 이방인으로 비유 하면서 또 동시에 둘의 관계를 비교하고 있습니다. 그리고, 29절에서 여인에게 '이 말을 하였으니'라는 표현을 통해 믿음의 고백을 강조하고 있습니다.

4. 저자가 독자에게 요구하는 전제들이나 사전 지식은 무엇입니까?

그 당시의 유대인들과 이방인들의 관계에 대한 이해가 필요합니다.

2) 가이사랴 빌립보와 변화산 이야기(마가복음 8:27-9:8)

수로보니게 여인과 대화를 나눈 후 그 딸을 고쳐주셨던 예수님은 시돈과 데가볼리 지방을 통과하여 갈릴리 호수에 이르렀습니다. 그곳에서 예수님은 귀먹고 말 더듬는 사람을 고쳐주셨고, 그 후 칠병이어의 기적을 일으키십니다. 표적의 문제를 놓고 바리새인과 대결을 벌이신 다음에 예수님은 벳새다에 이르렀습니다. 그곳에서 "에바다!"라고 말씀하시며 맹인을 고칩니다. 그 이후에 예수님과 제자들은 가이사랴 빌립보 지방에 도착합니다.

등장인물

1. 이야기에서 주된 등장인물은 누구이며 보조적인 인물은 누구입니까?

주된 인물은 예수님과 베드로입니다.

보조적 인물은 야고보, 요한, 무리와 제자들, 하나님, 모세, 엘리야가 있습니다.

2. 각각의 인물들의 성격을 좀 더 상세하게 묘사할 수 있습니까?

① 예수님

– 그 인물의 말이나 말투는 어떻습니까?

예수님의 말투는 엄중하고, 또 강력합니다. 30절에 예수님은 자신의 일을 아무에게도 말하지 말라고 '경고'하십니다. 그리고 베드로에게는 "사탄아 내 뒤로 물러가라"고 강력하게 꾸짖으십니다. 그리고 자기를 부인하고 십자가를 지고 나를 따르라고 할 때에는 매우 엄격하고 타협이 있을 수 없는 강직한 말투이십니다. 9장 1절의 말씀 "여기 서 있는 사람 중에 죽기 전에 하나님 나라를 볼 자들이 있다"고 할 때에는 확신에 찬 목소리이십니다.

– 그 인물의 행동이나 행동방식은 어떻습니까?

예수님은 질문하셨습니다. 예수님은 자신이 누구인지 제자들에게 물으셨는데, 이것은 매우 본질적인 물음이었습니다. '예수님은 누구신가?'라는 질문의 정답은 그리스도였는데(막1:1), 베드로는 정답을 맞추었습니다. 그런데 제자들이 그리스도에 대해 오해하고 이스라엘 국가를 회복시킬 정치적 그리스도를 원하고 있어서 예수님은 고난을 드러내고 말씀하셨습니다. 그 솔직한 말씀에 충격받은 베드로가 항변하자 예수님은 베드로를 꾸짖으셨습니다. 매우 강력하게 베드로를 사탄이라고 말씀하시면서 꾸짖으셨습니다. 베드로와의 갈등 후에 예수님은 베드로, 야고보, 요한만 데리고 높은 산에 올라가십니다. 이 행동은 상당히 의외의 행동이었지만 매우 중요하고 효과적인 행동이었습니다. 변화산에서 예수님은 엘리야, 모세와 더불어 말씀하셨고, 그 모습을 제자들에게 보이셨습니다.

– 그 인물은 어떤 생각을 하고 있습니까?

예수님은 많은 고난을 받고 죽임을 당한 후 살아날 것을 생각하셨습니다. 하나님의 일을 생각하고 계시고, 죽음을 각오하고 계십니다.

– 그 인물의 정서(감정)는 어떻습니까?

예수님은 자신의 일이 섣부르게 알려지는 것을 경계하는 마음을 가지고 계셨습니다. 베드로가 예수님께 항변하고 꾸짖을 때 예수님은 의로운 분노의 감정이십니다.

– 그 인물의 신념이나 가치관은 무엇입니까?

사람의 일이 아니라 하나님의 일을 생각해야 하며, 자기 목숨을 구원하고자 하면 잃지만, 복음을 위하여 자기 목숨을 잃으면 구원한다는 신념입니다.

② 베드로

– 그 인물의 말이나 말투는 어떻습니까?

베드로는 예수님을 붙들고 항변했습니다. 베드로의 항변이 자세하게 기록되어 있지 않지만 매우 강하고 투박한 말투로 말했을 것입니다. 9장 5절에서는 다소 혼미한 상태에서 무슨 말을 하는지 모르면서 말합니다.

– 그 인물의 행동이나 행동방식은 어떻습니까?

오늘 본문 말씀 전체에 걸쳐 베드로가 제자들의 대표로 말하는 모습이 나타납니다.(8:29; 8:32; 9:5). 예수님께서 "너희는 나를 누구라 하느냐?"고 물으셨는데, 대답은 베드로가 합니다. 그는 제자들의 생각을 대변하는 사람인것 같습니다.

베드로는 예수님의 고난 이야기를 듣고 "붙들고 항변"했습니다. 흥분하고 격렬한 행동입니다. 그러나 베드로는 사탄이라는 말씀을 듣고도 곧장 예수님을 떠나지 않았고, 6일이나 머물렀습니다. 그리고 예수님을 따라 높은 산까지 올랐습니다. 베드로는 갈등이 있었다고 쉽게 떠나는 사람은 아니었습니다.

베드로는 변화산에서 예수님의 변형을 목격하고 모세 및 엘리야를 만난 후 거의 정신이 나간 사람처럼 되었습니다. 이것이 베드로에게 몹시 충격적인 체험이었음을 알 수 있습니다.

– 그 인물은 어떤 생각을 하고 있습니까?

예수님의 말씀 "네가 하나님의 일을 생각하지 아니하고 도리어 사람의 일을 생각하는도다"에서 베드로가 인간적인 생각을 하고 있었다는 사실을 알 수 있습니다. 베드로는 빌립보 가이사랴의 노상에서 예수님을 그리스도라고 고백할 때만해도 희망에 부풀었을 것입니다. 이제 예수님이 그리스도로 하나님의 나라의 왕이 되면 자신도 높은 자리에서 이스라엘을 다스릴 것이라고 생각했을 것입니다. 예수님의 대답을 통해 베드로를 비롯한 제자들이 자기 목숨을 구원하고자 했고, 예수님과 예수님의 말씀을 부끄러워했다는 사실을 알 수 있습니다. 본문에서는 예수님의 꾸짖음에 베드로가 회개하고 돌이켰다는 말씀이 나오지 않습니다. 베드로는 아마 선택의 기로에 서 있었을 것입니다.

– 그 인물의 정서(감정)는 어떻습니까?

정치적인 구원자를 기대하고 있다가, 예수님이 고난받고 죽음을 당해야 한다고 말을 듣고는 충격과 분노, 그리고 지금까지의 제자의 삶에 허탈감을 느꼈을 것입니다. 또 변화산에서 예수님이 변형되시고 모세와 엘리야가 나타났을 때 베드로는 몹시 무서워했습니다.

– 그 인물의 신념이나 가치관은 무엇입니까?

예수님이 그리스도라는 것을 믿고 있지만, 베드로의 그리스도 개념은 정치적입니다.

③ 보조적 인물들

보조적 등장인물들 중 무리, 제자들은 베드로와 동일한 생각을 소유한 사람들입니다. 모세와 엘리야는 변화산 위에서 잠깐 등장합니다. 하나님은 목소리로 잠깐 등장하시지만 강렬하게 영향력을 끼치십니다. 하나님은 마가복음에서 두번 목소리로만 등장하는데, 그 중 한 번이 9장 7절에서 입니다. 하나님은 그 때나 지금이나 다 예수님을 사랑하시는 아버지로 자신을 나타내십니다.

사 건

1. 이 이야기에서 주된 사건은 무엇이며 부수적인 사건들은 어떤 것입니까?

크게는 제자들과 예수님의 대화와 변화산에서의 체험이 주된 사건입니다.

2. 주된 사건에 관계된 인물들은 누구이며 그들 상호간의 관계는 어떠합니까?

제자들과 예수님의 대화에는 예수님과 열 두 제자들이 관련되어 있고, 변화산에서의 체험은 예수님과 세 명의 제자가 관련되어 있습니다. 대화를 나눌 때 예수님과 제자들은 입장이 대립되었었으나, 변화산에서 세 명의 제자들은 예수님의 권위에 순복하게 되었습니다.

3. 이 사건은 어떤 원인으로 발생했으며 그 주된 갈등상황은 무엇이며 어떻게 진행됩니까?

이 사건의 주된 원인은 예수님께서 자신의 수난과 죽음, 그리고 부활을 알리심으로부터 시작되었습니다. 그러자 베드로가 격렬하게 항의했고, 예수님도 베드로를 격렬하게 꾸짖었습니다. 이러한 서로 간의 격렬한 항변과 꾸짖음으로 말미암아 예수님과 제자들의 관계는 몹시 힘들고 어려운 관계가 되었을 것입니다. 이러한 긴장과 갈등의 상황은 6일이나 이어졌습니다. 그래서 예수님은 베드로, 야고보, 요한을 데리고 높은 산으로 가셨습니다. 6일의 긴장과 갈등은 산에 갔을 때 비로소 해결되었습니다. 예수님의 변형, 모세와 엘리야의 출현, 그리고 하나님의 목소리가 갈등 해소의 열쇠가 되었습니다.

4. 이 사건에서 갈등의 절정은 언제이며 그것은 어떻게 해소되어 갑니까?

갈등의 절정은 베드로가 예수님을 붙들고 항변하고, 예수님이 베드로를 사탄이라고 꾸짖으실 때입니다. 갈등의 해소는 변화산의 체험으로 말미암아 이루어집니다. 세 명의 제자들은 예수님의 인간적인 모습이 아니라 영광스러운 변형을 목격하고, 모세와 엘리야를 만나고 나서야 두려워하며, 구름 속 하나님의 말씀을 듣고 나서야 겨우 예수님의 말씀을 수긍하게 되었습니다.

배 경

1. 이 이야기는 언제 일어났으며, 시간적 배경은 무엇입니까?

특별히 중요한 것은 6일이라는 시간입니다. 격렬한 긴장과 갈등의 6일을 이해할 때 에피소드를 느낄 수 있습니다. 성경은 짧게 6일이라고 말씀하고 있지만, 그 6일은 얼마나 길며, 얼마나 괴로운 시간이었을까요? 얼마나 어색하고 침통한 시간이었을까요? 또 수많은 생각이 오가는 시간이었을 것입니다.

2. 이 이야기의 공간적 · 장소적 배경은 무엇입니까?

공간적 배경은 빌립보 가이사랴의 여러 마을입니다. 이 도시는 빌립 황제를 기념하기 위해서 세워진 도시였습니다. 그러므로 정복과 승리를 상징하고 인간적인 생각과 힘을 상징하는 그러한 도시였습니다. 이곳에서 강력한 갈등이 일어났다는 사실은 이 장소가 우연한 장소가 아니라 그 말씀의 뜻과 대비되어 더욱 강조되는 지역임을 알 수 있습니다. 이곳에서 예수님은 승리와 정복이 아니라 고난과 죽음과 부활을 말씀하십니다. 천하를 얻었던(8:36) 로마 황제가 아니라 하나님의 심판의 때와 하나님 나라를 말씀하십니다.

구 상

1. 저자가 이야기를 전개해 나가는 관점은 무엇이며 어떻게 표현되어 있습니까?

'하나님의 일을 생각하고 사람의 일을 생각하지 말라'는 예수님의 말씀이 이야기의 관점입니다.

2. 저자가 독자에게 전하고자 하는 메시지는 무엇입니까?

제자들이 생각했던 그리스도가 아니라 예수님이 생각했던 그리스도가 하나님의 뜻에 맞는 그리스도임을 전합니다. 제자들은 황제와 같은 정복과 승리, 천하를 얻는 것을 생각했지만 예수님은 고난과 죽음, 부활의 그리스도를 알려주십니다.

3) 향유 부은 여인 이야기(마가복음 14:1-9)

향유부은 여인 이야기는 마가복음의 뒷부분에 있는 이야기입니다. 동시에 향유부은 여인 이야기는 예수님의 수난 이야기가 본격적으로 시작되는 출발점이기도 합니다. 예수님은 마가복음 11장에 예루살렘에 입성하셨습니다. 예수님은 예루살렘에 들어오셔서 성전을 깨끗하게 하셨고 여러 사람들과 논쟁을 벌였습니다. 가장 놀라운 일은 예수님께서 13장에 성전이 무너질 것을 예언하셨다는 것입니다. 13장에서 종말의 일을 말씀하신 다음에 14장의 향유부은 여인 이야기가 나오는 것입니다.

등장인물

1. 이야기에서 주된 인물은 누구이며 보조적 인물은 누구입니까?

주된 인물은 예수님, 향유부은 여인, 제자들입니다.

2. 인물들의 성격은 어떻습니까? 복합적인 성격입니까? 아니면 단순한 성격입니까?

이 에피소드 속에서 인물들의 성격과 그 행동은 일관되게 나타나는 단순한 성격으로 보입니다.

3. 각각의 인물들의 성격을 좀 더 상세하게 묘사할 수 있습니까?

① 예수님

– 그 인물의 말이나 말투는 어떻습니까?

예수님은 여기에서 제자들에게 "가만 두라"고 하시며 꾸짖으시는 말투는 다소 거친 느낌이 납니다. 그러나 여인을 칭찬하는 예수님의 말투는 부드럽습니다.

– 그 인물의 행동이나 행동방식은 어떻습니까?

예수님은 돌발적으로 남성들의 식탁자리에 등장한 여인의 돌발적인 행동을 묵묵히 내버려 두십니다. 머리에 향유 붓는 행위를 말리지 않고 그대로 내버려 두는 예수님의 행동도 상당히 이례적입니다. 그리고 제자들의 여인 책망에 대한 예수님의 반응 역시 파격적입니다. 왜냐하면 마가복음에서 지금까지 예수님은 가난하고 소외된 자들에게 깊은 관심과 연민을 보이셨기 때문에, 제자들은 구제 운운하는 말을 반박하실 것이라고 생각하지 못했을 것입니다. 이야기에서 놀라운 것은 예수님의 해석입니다. 여인은 왜 향유를 부었는지 아무런 말이 없습니다. 제자들은 그것을 낭비로 해석했습니다. 예수님은 그것을 자신의 죽음을 예비하는 행위로 해석했습니다. 정말 예수님은 행동에 대한 해석 자체가 다른 분입니다.

– 그 인물은 어떤 생각을 하고 있습니까?

예수님은 가이사랴 빌립보 이후부터 계속 고난과 죽음을 생각하고 계십니다. 그리고 인류 구원의 복음이 온 세상에 전해질 것에 대해 생각하고 계십니다.

– 그 인물의 정서(감정)는 어떻습니까?

여인을 책망하는 제자들에게 화를 내고 계시고, 예수님의 운명에 대해 깨닫지 못하고 있는 제자들을 답답해 하시는 것 같습니다.

– 그 인물의 신념이나 가치관은 무엇입니까?

예수님에게는 구원의 복음이 전해지는 것이 무엇보다 중요합니다. 복음을 위해 죽어야 하는 자신의 사명을 새기고 계십니다.

② 향유부은 여인

– 그 인물의 말이나 말투는 어떻습니까?

향유부은 여인은 '이름'도 없지만 '말'도 없습니다. 향유부은 여인은 왜 자신이 귀한 것을 예수님께 바쳤는지 스스로 설명하지도 자랑하지도 않습니다. 그저 드립니다. 또한 제자들에게 꾸짖음을 당할 때에도 한 마디 변명하거나 항변하지 않습니다. 그저 듣고만 있습니다.

– 그 인물의 행동이나 행동방식은 어떻습니까?

말 없이 향유부은 여인의 행동은 매우 파격적입니다. 남자들로만 이루어진 식탁에 갑자기 등장해서 일상성을 파괴하는 상징적인 일을 행합니다.

- 그 인물은 어떤 생각을 하고 있습니까?

남자인 제자들은 여러 번 듣고도 깨닫지 못하고, 알기도 두려워하는 예수님의 고난과 죽음, 부활에 대해 여인은 인식하고 있음을 예수님의 칭찬을 통해 알 수 있습니다.

- 그 인물의 신념이나 가치관은 무엇입니까?

예수님의 죽음을 준비하는 일, 고난에 동참하는 일을 돈(경제적인 가치)이나 많은 사람을 구제하는 일보다 더 가치있고 중요하게 여깁니다.

③ 제자들

- 그 인물의 말이나 말투는 어떻습니까?

제자들은 여인에게 화를 내고 그 행동을 책망하고 꾸짖습니다. 그들의 책망은 여인을 괴롭게 하는 일이었습니다. 제자들의 말투는 여인을 낭비하는 사람으로 보이게 만듭니다. 또한 제자들의 말투에서 그 여인을 제지하지 않는 예수님을 책망하는 마음도 느껴집니다.

- 그 인물의 행동이나 행동방식은 어떻습니까? 그 인물은 어떤 생각을 하고 있습니까?

제자들은 예수님의 고난과 죽음에 대해서 무지합니다. 그들은 여인의 고귀한 행위를 낭비라고 해석합니다. 향유의 경제적인 가치를 아까워하는 마음입니다. 예수님의 죽음에 대해 이해하지 못하고 있습니다.

– 그 인물의 정서(감정)는 어떻습니까?

향유를 낭비한 여인에게 화를 냅니다.

사 건

1. 이 이야기에서 주된 사건은 무엇이며 부수적인 사건들은 어떤 것입니까?

주된 사건은 여인이 예수님에게 향유를 부은 일입니다.

2. 주된 사건에 관계된 인물들은 누구이며 그들 상호간의 관계는 어떠합니까?

주된 사건에 관련된 인물은 여인과 예수님으로, 여인은 예수님이 말씀하신 하나님 나라와 구원에 대해서 잘 이해하고 있었던 것 같습니다.

3. 이 사건은 어떤 원인으로 발생했으며 그 주된 갈등상황은 무엇이며 어떻게 진행됩니까? 갈등의 절정은 언제이며 그것은 어떻게 해소되어 갑니까?

사건의 원인은 여인의 갑작스러운 등장과 향유를 부은 행동입니다. 이 향유부음은 제자들의 분노를 촉발시켰고, 이에 예수님은 제자들을 만류하시고 여인을 칭찬했습니다. 이 에피소드의 앞부분에서부터 예수님과 제자들의 갈등은 점점 고조되고 있습니다. 그리고 이 에피소드에 이르러 예수님의 구원 사역에 대한 제자들의 무지함이 직접적으로 드러납니다. 이 에피소드는 예수님과 생각을 달리하는 제자들의 모습을 극단적으로 보여줍니다. 그러므로 이 이야기에서 주된 갈등은 제자들과 여인의 갈등 보다는 예수님과 제자들의 갈등입니다. 제자들은 여인을 비판하면서 이면적으로 예수님을 비판하고 있는 것입니다. 예수님이 제자들을 꾸짖으심으로 갈등은 가라앉지만, 오해가 해소된 것은 아니고 제자들의 무지함은 그대로 남아있습니다.

배 경

1. 이 이야기는 언제 일어났으며, 시간적 배경은 무엇입니까?

유월절(무교절) 이틀전으로 마가복음 이야기의 흐름 상 예수님이 잡히시기 며칠 전입니다.

2. 이 이야기의 공간적 · 장소적 배경은 무엇입니까?

이 이야기는 베다니에 있는 나병환자 시몬의 집에서 이루어졌습니다. 이 배경은 다소 기이한 느낌을 줍니다. 나병환자의 집에 머무르는 것 자체가 파격적인 일입니다. 그러므로 향유부은 여인의 사건은 의외의 장소에서 일어난 의외의 사건입니다.

3. 이 이야기의 정치 · 종교 · 경제적 배경은 무엇입니까?

종교적으로는 기득권 세력인 대제사장들과 서기관들의 예수님에 대한 반감이 극에 달해 흉계로 잡아 죽일 방도를 구체적으로 의논하던 시기였습니다. 그러면서도 대중들의 마음과 관심이 예수님에게 집중이 되어 있던 시기로 흉계를 꾸미면서도 대중의 반응을 걱정할 정도로 예수님의 인기가 높아졌고, 그랬기 때문에 대제사장들과 서기관들의 반감도 더했던 상황이었습니다.

구 상

1. 저자가 이야기를 전개해 나가는 관점은 무엇이며 어떻게 표현되어 있습니까?

예수님의 수난과 죽음의 중요성을 강조하고자 합니다. 예수님의 수난과 죽음, 그리고 부활은 하나님의 뜻(생각)이며 이것을 이해하는 것은 가장 중요한 일입니다. 즉 십자가를 아는 것은 왕국을 세우는 것이나 가난한 사람을 돌보는 것보다 더 중요한 것입니다. 그러나 이러한 주장이 가난한 사람을 배제하는 것은 아닙니다. 예수님은 가난한 사람은 항상 너희와 함께 있지만 나는 그렇지 않다고 말씀하십니다. 이렇게 남성 제자들은 예수님의 말씀을 이해하는데 실패했고, 그런 제자들에게서 책망을 들은 향유부은 여인이 예수님의 사역을 이해하고 있음을 대조하여 표현하고 있습니다.

2. 저자가 독자에게 전하고자 하는 메시지는 무엇입니까?

예수님의 죽음은 우리에게 복음이기 때문에 구제하는 것이나 어떤 다른 일보다 중요하며 기억하고 기념해야 한다는 메시지를 전하고 있습니다. 그리고 이 복음은 온 천하 어느 곳에라도 전해져야 하는 것입니다.

3. 저자가 사용하는 수사학적 기법들(반복, 대조, 비교, 복선, 강조 등)은 무엇입니까?

남성 제자들의 행동과 향유부은 여인의 행동을 대조해서 보여줍니다. 또 예수님의 고난과 죽음을 암시하는 복선이 있습니다.

4. 저자가 독자에게 요구하는 전제들이나 사전 지식은 무엇입니까?

데나리온의 가치에 대한 지식이 있어야 향유부은 여인의 헌신에 대해 감정이입할 수 있습니다. 이 시기 한 데나리온은 일꾼 한 사람의 하루 일당으로 300데나리온은 거의 일년치 수입과 맞먹는 정도의 가치가 있었습니다.

4) 혈루증 앓던 여인 이야기(누가복음 8:40-48)

혈루증 앓던 여인 이야기는 누가복음 8장에 위치하고 있습니다. 누가복음 이야기는 세례 요한의 탄생과 예수님의 탄생 이야기로부터 시작합니다. 예수님의 소년 시절이 잠깐 언급되고 세례 요한이 등장하여 회개의 세례를 전합니다. 예수님은 세례 요한에게 세례를 받으시고 후에 광야에서 시험을 받으신 다음 나사렛에서 이사야 61장을 중심으로 위대한 선언을 하십니다. 후에 병자를 고치시고 어부들을 제자로 받아 들이신 다음 6장에서는 유명한 평지설교를 하십니다. 설교를 마친 다음 가버나움 백부장의 종의 병을 고치시고 과부의 아들을 살립니다. 세례 요한의 제자들과 논쟁한 다음 누가복음에서는 향유부은 여인 이야기가 등장합니다. 이후에 가르침을 계속하십니다. 그런 와중 거라사인 땅에서 군대 귀신들린 사람을 고친 다음에 혈루증 앓던 여인 이야기가 시작됩니다.

등장인물

1. 이야기에서 주된 인물은 누구이며 보조적 인물은 누구입니까?

주된 인물은 예수, 야이로, 혈루증 앓던 여인이며 보조적 인물은 야이로의 딸과 무리, 베드로가 있습니다.

2. 인물들의 성격은 어떻습니까? 복합적인 성격입니까 아니면 단순한 성격입니까?

예수님의 성격은 믿음으로 고백하는 것을 중요하게 생각하시는 일관성있는 모습으로 나타납니다. 야이로는 예수님에 대한 태도가 변하지 않습니다. 혈루증 앓던 여인은 그 전까지는 사람들을 피하고 두려워하며 숨어 지냈을 것 같은데 군중에 섞여 예수님의 옷자락을 만지고 예수님이 자신을 찾았을 때 숨지 않고 나가는 것을 보면 복합적인 성격으로 나타납니다.

3. 각각의 인물들이 성격을 좀 더 상세하게 묘사할 수 있습니까?

– 그 인물의 말이나 말투는 어떻습니까?

예수님은 군중들의 소란함 속에 자신의 옷을 만진 사람을 찾으셨습니다. 그래서 큰 목소리로 단호하게 말씀하셨을 것입니다.

야이로는 급하고 간절한 말투일 것입니다.

혈루증 앓던 여인의 목소리는 작고, 톤은 두려움으로 떨리는 낮은 톤이었을 것 같습니다.

– 그 인물의 행동이나 행동방식은 어떻습니까?

예수님은 혈루증 앓던 여인에게서도 말로 고백하게 하시는 모습이 다른 이야기에서와 같이 나타납니다. 제자들이 군중 속에서 누구를 찾느냐고 반대 의견을 말해도, 길을 멈추시고 여인을 찾아내시는 단호한 모습입니다. 여인에게는 부드러운 태도로 치유를 선포하십니다.

야이로의 모습은 '예수님의 발 아래 엎드려'라는 구절을 통해서 볼 때 딸을 살리고자 하는 아버지의 간절한 행동을 알 수 있습니다. 혈루증 앓던 여인으로 인해 시간이 지체가 됐을 텐데 예수님을 재촉하지는 않습니다.

혈루증 앓던 여인은 혹시나 하는 기대감으로 예수님의 옷자락을 만지는 일을 저질렀고 그 결과에 놀라고 예수님 앞에 두려운 마음으로 떨며 엎드렸지만 그래도 끝까지 숨기지는 않았고, 자신에게 일어난 일을 고백하며 담대한 마음이 생겼을 것입니다.

– 그 인물은 어떤 생각을 하고 있습니까?

예수님은 능력이 나간 것을 아시고, 능력 입은 사람을 만나려는 생각을 가지고 계십니다.

야이로는 빨리 딸에게 가야하는데 지체되어서 급한 마음일 것입니다.

혈루증 앓던 여인은 처음에는 병을 드러낼 수도 없고, 예수님 앞에 나설 생각도 없었는데 예수님이 찾으셔서 당황하였을 것입니다. 나서야 할까 숨어야 할까 망설이고 있다가, 예수님이 무리를 멈추고 찾으시니, 병든 아이에게 가는 길이 지체되는 것을 보고 나서게 됩니다.

– 그 인물의 정서(감정)는 어떻습니까?

예수님은 아무리 급하셔도 치유가 필요한 사람을 지나치지 않고 불쌍히 여기시는 마음이 있습니다.

혈루증 앓던 여인은 예수님이 나를 고쳐주실 수 있을 것이라는 기대감과 예수님에 대해 동경하는 감정을 가졌고, 병이 나은 뒤에는 놀라운 감정 그리고 막상 들키니까 두렵고 떨리는 감정이 나타나다가 마지막에는 용기를 내서 사람들과 예수님 앞에 나아갑니다.

야이로는 분명히 조바심이 났을 것 같은데 성경은 거기에 대해 언급하지 않아 궁금하기도 합니다.

– 그 인물의 신념이나 가치관은 무엇입니까?

예수님은 직접 만나서 치유와 구원을 확인시켜 주십니다. 자신의 구원자 되심을 가르치시는 것을 중요하게 생각하십니다.

혈루증 앓던 여인은 병이 낫기 위해서는 예수님의 옷자락이라도 만져야겠다는 절박함이 있습니다. 더 나아가 예수님의 신적인 능력을 믿었다면, 부정한 사람이 하나님 앞에 나갔을 때에 죽는다는 것을 알고 있었다면, 이 여인은 죽음을 무릅쓰고 정말 마지막이라는 생각으로 예수님을 뒤따라가 있는 힘을 다해 옷 가에 손을 댔을 것입니다.

– 인물들의 외모나 신체적 특징이 있습니까? 있다면 어떤 것입니까?

혈루증 앓던 여인은 병을 들키지 않기 위해 겉모습은 오히려 누구보다 깨끗한 모습을 유지하기 위해 노력했을 것입니다. 그랬기 때문에 군중들 틈에 포함되어 움직였을 때, 원래 그 피흘리는 증상으로 인한 냄새 등으로 인해 충분히 들킬 수도 있었는데도, 들키지 않았던 것 같습니다. 그리고 12년 동안 피를 흘린 것으로 보아 피부가 창백하고, 약한 모습이었을 것입니다.

사 건

1. 이 이야기에서 주된 사건은 무엇이며 부수적인 사건들은 어떤 것입니까?

주된 사건은 예수님이 혈루증 앓던 여인을 고쳐준 사건인데, 이 사건은 야이로가 죽어가던 딸을 위해 예수님을 모셔 갔고, 가는 중에 죽었던 딸을 결국 예수님이 다시 살리신 사건 이야기 도중에 일어나는 사건입니다.

2. 주된 사건에 관계된 인물들은 누구이며 그들 상호간의 관계는 어떠합니까?

예수님, 야이로, 혈루증 앓던 여인입니다. 예수님은 기적을 베푸시는 분이시고, 야이로와 혈루증 앓던 여인은 기적을 기다리는 이들입니다. 야이로는 예수님의 은혜를 먼저 요청했지만 혈루증 앓던 여인에게 먼저 기적이 일어나는 동안 기다려야 했습니다. 야이로와 혈루증 앓던 여인은 예수님을 신뢰하고 의존하고 있습니다.

3. 이 사건은 어떤 원인으로 발생했으며 그 주된 갈등상황은 무엇이며 어떻게 진행됩니까?

자신의 딸을 살려달라는 야이로의 부탁을 받고 그 집으로 가던 중 무리 속에 묻혀 있던 혈루증 앓던 여인이 살며시 예수님의 옷을 만지는 바람에 예수님이 무리를 멈추시면서 사건이 시작됩니다. 주된 갈등상황은 서둘러 가려는 제자들과 무리들, 치유받은 사람을 만나려고 발걸음을 멈추신 예수님 사이에 갈등이 있습니다.

4. 이 사건에서 갈등의 절정은 언제이며 그것은 어떻게 해소되어 갑니까?

갈등의 절정은 예수님이 누가 내게 손을 댔냐고 묻고 무리를 멈추셨을 때입니다. 죽어가는 딸 때문에 한시가 급한 야이로와 기적을 눈으로 보고 확인하고 싶은 무리들은 시간의 지체함으로 인해 짜증이 났을 것입니다. 여인이 치유를 고백하고 예수님이 구원을 선포하심으로 갈등은 해소됩니다.

5. 이 사건이 이야기의 다른 사건들에 어떤 영향을 미칩니까?

혈루증 앓던 여인의 기적을 목격한 야이로와 무리들은 예수님에 대한 기대가 더 커졌을 것입니다.

배 경

1. 이 이야기는 언제 일어났으며, 시간적 배경은 무엇입니까?

시간적 배경은 나타나지 않습니다.

2. 이 이야기의 공간적 · 장소적 배경은 무엇입니까?

야이로의 집으로 가는 길 중간, 즉 거리에서 일어났습니다.

3. 이 이야기의 정치 · 종교 · 경제적 배경은 무엇입니까?

혈루증은 다른 사람을 부정하게 하는 병이었습니다. 그래서 율법에서 성전 제의에 참여하거나 사람들과 접촉하는 것을 금지시켰습니다. 유대교 율법이 생활전반에 영향력을 미치는 시대적 배경입니다.

4. 이 이야기의 배경이 인물들과 사건들에 어떤 영향을 미칩니까?

예수님은 접촉을 금한 율법의 규정을 뛰어넘으시는 하나님이심을 사람들이 깨달을 수 있습니다. 그것을 드러내시기 위해 치유받은 사람을 굳이 더 무리 앞으로 이끌어 내시는 예수님이십니다.

구 상

1. 저자가 이야기를 전개해 나가는 관점은 무엇이며 어떻게 표현되어 있습니까? 저자가 독자에게 전하고자 하는 메시지는 무엇입니까?

예수님이 진정한 하나님이심을 나타내고자 합니다. 율법에 부정한 것으로 규정되어 접촉이 금지된 사람의 치유를 더욱 공개적으로 하는 모습을 보여줌으로써 예수님이 율법보다 더 우위에 계시는 분이심을 나타내고 있습니다.

2. 저자가 사용하는 수사학적 기법들(반복, 대조, 비교, 복선, 강조 등)은 무엇입니까?

예수님이 단순히 육신의 병만 고치시는 분이 아니라 영혼을 구원하시는 하나님이심을 '네 믿음이 너를 구원하였다' 말씀으로 강조하고 있습니다. 병을 고침받은 여인의 이야기는 뒤에 이어 나오는 야이로의 딸도 고침을 받을 것이라는 복선이 됩니다.

3. 저자가 독자에게 요구하는 전제들이나 사전 지식은 무엇입니까?

혈루증에 관한 지식과 이 병이 종교적으로 부정하다고 여겨진다는 지식, 즉 유대교의 정결법에 관한 지식입니다. 독자가 이 부분을 당연히 알고 있다고 생각하고 그에 대한 설명은 생략하고 있습니다.

5) 삭개오 이야기(누가복음 19:1-10)

등장인물

1. 이야기에서 주된 인물은 누구이며 보조적 인물은 누구입니까?

이야기에서 주된 인물은 삭개오와 예수님이고 보조적 인물은 사람들(뭇 사람)입니다.

2. 각각의 인물들의 성격을 좀 더 상세하게 묘사할 수 있습니까?

① 삭개오

삭개오는 세리장이요 부자였고, 키가 작은 사람이었습니다. 그리고 나무에 오를 정도로 날렵한 모습입니다. 예수님이 자신의 이름을 부르고 집에 간다고 해서 들뜨고, 흥분한 것 같습니다. 사람들이 배려해 주지 않는 것을 볼 때, 사람들 사이에서 왕따같이 외로운 존재인 것 같습니다. 딱히 나쁜 행동이 언급되지 않지만 사람들이 싫어하는 것 같습니다. 나쁜 짓을 해서라기 보다는 부자라서 사람들의 질투를 받아 외로운 서글픈 사람일 것 같습니다. 예수님 앞에서 '만일 누구의 것을 속여 빼앗은 일이 있다면 네 갑절이나 갚겠다'는 말이 정직하게 살아왔기 때문에 자신있어서 하는 말 같고, 자신의 결백을 주장하는 말 같이 들립니다.

② 예수님

많은 사람들에게 알려지셔서 가는 곳마다 무리가 뒤따릅니다. 삭개오를 알고 계신 분입니다, 삭개오가 나무에 있는 것도 아셨고, 그가 삭개오라는 것도 알고 부르십니다(5절). 예수님은 애초부터 삭개오를 구원하러 여리고에 들어가신 것 같습니다(10절). 사람들의 수군거림에 개의치 않으시는 분입니다(7절).

③ 사람들(뭇 사람)

화제거리를 따라 몰려다니지만, 자신들의 의견을 당당하게 내세우지 못하고 비겁하게 수군거릴 뿐입니다.

사 건

1. 이 이야기에서 주된 사건은 무엇이며 부수적인 사건들은 어떤 것입니까?

주된 사건은 삭개오와 예수님의 만남입니다. 삭개오가 예수님을 보고자 하되 사람들이 많아서 볼 수 없어 나무에 올라갔고, 예수님이 삭개오를 불러 그의 집에 머물겠다고 말씀하신 것, 삭개오가 예수님을 집으로 모시고 베푼 자리에서 네 갑절이나 갚을 결단을 이야기하였고, 예수님이 삭개오의 구원을 선포하시면서 자신의 사역을 설명하신 사건입니다. 부수적인 사건은 예수님께서 여리고를 지나가신 것과 사람들이 수군거린 것입니다.

2. 주된 사건에 관계된 인물들은 누구이며 그들 상호간의 관계는 어떠합니까?

예수님은 사건을 주도하시는 분이고, 삭개오는 예수님의 부르심에 따라 사건의 중심으로 들어갑니다.

3. 이 사건은 어떤 원인으로 발생했으며 그 주된 갈등상황은 무엇이며 어떻게 진행됩니까?

예수님이 알려지셨기 때문에 삭개오와 사람들이 예수님을 보러 나왔습니다. 사람들이 많았기 때문에 삭개오가 볼 수 없었고, 나무에 오르게 되었습니다. 삭개오가 나무 위에 있었기 때문에 무리들과 구별되어, 예수님이 쉽게 부를 수 있었습니다. 예수님이 세리인 삭개오의 집에 들어갔기 때문에 무리들이 수군거렸습니다. 갈등은 삭개오와 사람들 사이에 반목과 갈등이 있었음을 짐작할 수 있습니다. 그리고 사람들과 예수님 사이에 사람들의 기대와 다르게 행동하는 예수님에 대한 갈등이 있습니다.

배 경

1. 이 이야기는 언제 일어났으며, 시간적 배경은 무엇입니까?

예수님이 여리고에 들어가신 때는 낮입니다. 삭개오의 집에 이르러 대화를 나눈 때는 식사 시간입니다. 이 일은 오전에 있었을 것입니다. 왜냐하면 해가 지기까지는 시간적 여유가 있었기 때문에 예수님의 식사와 숙박을 준비할 여유가 있었을 것입니다.

2. 이 이야기의 공간적 · 장소적 배경은 무엇입니까?

야외에서 실내로 즉 여리고 성 안, 큰 길 → 돌무화과나무 아래 → 삭개오의 집으로 공간적 배경이 이동합니다. 시각적인 이미지에서는 인물이 점점 더 부각되는 이동입니다.

3. 이 이야기의 정치 · 종교 · 경제적 배경은 무엇입니까?

로마의 식민 치하로 유대인이면서 로마 세관 직원인 삭개오가 정직하게 산다 해도 미움을 받을 수 있는 상황이었습니다. 세리가 창녀와 같은 부류로 죄인 취급 받던 시대입니다.

구 상

1. 저자가 이야기를 전개해 나가는 관점은 무엇이며 어떻게 표현되어

있습니까?

18:18-27절에 부자관원 이야기에서 재물이 있는 자는 하나님의 나라에 들어가기가 낙타가 바늘귀로 들어가는 것보다 어렵다는 예수님의 말씀에 제자들은 누가 구원을 얻을 수 있느냐고 질문합니다. 예수님은 사람이 할 수 없는 것을 하나님은 하신다고 대답하셨는데 부자가 구원받는 이야기가 19장에 나오면서 예수님이 제자들에게 대답을 보여주시는 것 같습니다.

2. 저자가 독자에게 전하고자 하는 메시지는 무엇입니까?

예수님의 목적은 '잃은 자를 구원하는 것'입니다. 가망이 없어 보이는 부자의 구원을 보여줌으로써 회개하는 자는 누구나 구원 받을 수 있다는 메시지를 강조합니다.

4장
중서사 읽기

1) 룻 이야기

사사기가 사사시대의 국가와 지파의 이야기를 전해주고 있다면, 룻기는 사사시대의 한 가정의 이야기를 소개해 주고 있습니다. 룻기는 흉년으로 인해 모압으로 이주한 엘리멜렉 가문의 곤경으로부터 이야기를 시작합니다. 세 미망인 중 나오미와 룻은 베들레헴으로 돌아오지만 오르바는 친정집으로 되돌아 갑니다. 베들레헴에서 이삭을 줍던 룻은 우연히 보아스를 만나 결혼을 하게 되고, 아들을 낳게 됩니다. 보아스와 룻의 후손의 계보는 다윗 왕으로 이어집니다. 비록 룻기는 짧은 이야기이며 일상적인 가정 이야기를 다루는 것 같지만, 사사의 통치에서 왕정으로 이어지는 과정과 메시아 예수 그리스도의 계보를 이해함에 있어 매우 큰 의미를 가진 성경입니다.

등장인물

1. 이야기에서 주된 인물은 누구이며 보조적 인물은 누구입니까?

주된 인물은 룻, 나오미, 보아스이며 보조적 인물은 엘리멜렉, 말론, 기룐, 오르바,

베들레헴 사람들, 보아스의 남녀 하인들, 기업무를 자, 성문에 있는 백성과 장로들, 여인들이 있습니다.

2. 인물들의 성격은 어떻습니까? 복합적인 성격입니까? 아니면 단순한 성격입니까?

모든 등장인물의 행동이 일관성있는 단순한 성격의 인물들인 것 같습니다.

3. 각각의 인물들의 성격을 좀 더 상세하게 묘사할 수 있습니까?

① 룻

– 그 인물의 말이나 말투는 어떻습니까?

나오미를 끝까지 따르겠다고 할 때의 룻의 말투는 단호합니다. 그러나 다른 곳에서 룻의 말투는 겸손합니다.

– 그 인물의 행동이나 행동방식은 어떻습니까?

룻은 시어머니 나오미를 신뢰했습니다. 자신의 고향과 종교를 버릴지라도 나오미를 끝까지 따랐습니다. 시어머니 나오미가 죽는 곳에 묻히겠다는 말은 룻의 견고한 성품을 보여줍니다. 그리고 룻은 나오미에 대해 사랑과 인자한 마음을 가지고 있었습니다. 다음에 남편이 될 보아스도 룻의 인애(헤세드)를 칭찬했습니다. 아무런 희망이 없어 보이는 나오미를 끝까지 따라 온 것이 인애라면 나이든 보아스를 선택하는 것은 더 큰 인애입니다. 룻은 나오미가 시키는대로 모두 순종했습니다. 룻이 거부한 것은 오로지 나오미를 떠나라는 나오미의 말 뿐이었습니다. 보아스에 대해서 룻은 매우 겸손한 모습을 보입니다. 보아스가 호의를 베풀 때 "엎드려 얼굴을 땅에 대고 절"합니다. 보아스를 "내 주"라고 부르며 자신을 하녀 중 하나와도 같지 못하다고 말하면서 겸손한 모습을 보입니다.

동시에 룻은 보아스의 타작마당에 들어갈 때 담대한 모습을 나타냅니다. 여인이 외간 남자의 잠자리에 엎드려 있을 때 얼마나 두근거렸겠습니까? 만약 보아스가 받아들여주지 않았다면 룻은 명예와 더불어 모든 것을 잃을 수도 있었지만 담대하였습니다.

– 그 인물은 어떤 생각을 하고 있습니까?

룻은 시어머니를 꼭 따라가야겠다고 굳게 다짐하고 있습니다.

보아스를 만났을 때 룻은 자신을 "이방 여인"이라고 생각하고 있었습니다(2:10). 이러한 정체성 때문에 타인의 친절에 오히려 당혹해 하는 모습을 보입니다. 그리고 자신을 "하녀보다 못한 자, 하녀"라고 생각하고 있습니다(1:13). 그리고 3:9절에도 자신을 "여종"이라고 말합니다.

나오미가 어떤 일을 명하면 그대로 순종하려고 생각하고 있습니다.

– 그 인물의 정서(감정)는 어떻습니까?

남편이 죽었을 때에는 슬펐을 것입니다. 시어머니가 모압 지방을 떠난다고 했을 때 끝까지 시어머니를 따르겠다고 했지만 낯선 땅에서 외국인으로 살아야 한다는 사실에 두려움도 있었을 것입니다. 그러한 상황에서 자신을 진정으로 이해하고 은혜를 베푸는 보아스의 말과 호의에 깊은 감동을 받습니다. 그리고 시어머니가 타작마당에 보아스 발치에 누워 있으라고 시켰을 때 두려움과 두근거림을 느꼈을 것입니다. 새벽이 되기까지 룻은 어떠한 심정이었을까요? 기업무를 자의 문제를 해결할 때까지 룻은 몹시 초조했을 것입니다. 그리고 재혼하고 출산했을 때 매우 기뻤을 것입니다.

– 그 인물의 신념이나 가치관은 무엇입니까?

시어머니를 따르고 시어머니의 하나님을 따르겠다는 것입니다.

– 인물의 외모나 신체적 특징이 있습니까? 있다면 어떤 것입니까?

룻은 젊었습니다. 심지어 "소녀"라고도 불립니다(2:5). 그리고 4:12절에 룻을 "젊은 여자"라 부르고 있습니다. 보아스가 밭에 왔을 때 누구냐고 물은 걸 보면 아마 눈에 띄는 외모였을 것입니다.

② 나오미

– 그 인물의 말이나 말투는 어떻습니까?

며느리들을 딸이라고 부르는 말투는 매우 부드럽고 인자합니다. 또 며느리들에게 여호와의 손이 나를 치셨기 때문에 마음이 아프다고 진솔하게 말합니다(1:13). 이웃 사람들에게도 자신의 아픈 마음을 솔직하고 말합니다. 또 나오미의 말투 중 두드러진 것은 축복하는 말입니다. 며느리들에게 "여호와께서 너희를 선대하시기를 원하노라(1:8)", "너를 돌본 자에게 복이 있기를 원하노라(2:19)", "그가 여호와로부터 복 받기를 원하노라(2:20)". 나오미는 어려운 환경 가운데서도 축복의 말을 잊지 않았습니다.

– 그 인물의 행동이나 행동방식은 어떻습니까?

매우 세심하게 타인의 입장을 배려합니다. 1:11절과 15절에는 며느리들의 처지를 깊게 헤아립니다. 룻을 보아스에게 보내는 장면에서도 그러한 행동을 지시한 동기는 룻이 안식할 곳을 구해 주겠다는 것이었습니다(3:1).

– 그 인물은 어떤 생각을 하고 있습니까?

나오미는 자신의 고통이 여호와로 말미암았다고 이해하고 있습니다. "여호와의 손이 나를 치셨다(1:13)", "전능자가 나를 심히 괴롭게 하셨음이니라 내가 풍족하게 나갔더니 여호와께서 내게 비어 돌아오게 하셨느니라 여호와께서 나를 징벌하셨고 전능자가 나를 괴롭게 하셨거늘(1:20–21)" 나오미는 자신의 고통의 진원지가 여호와라고 고백합니다. 1장에서 나오미는 자신의 이름은 이제 나오미가 아니라 마라(마라는 슬픔, 고통이라는 뜻)가 되어야 한다고 말하다가 룻기의 마지막 장면에서 다시 기쁜 나오미가 됩니다.

– 그 인물의 정서(감정)는 어떻습니까?

모압을 나설 때만해도 굉장히 슬펐고 마음이 아팠습니다. 그리고 베들레헴에 돌아올 때 사람들이 "이이가 나오미냐"라고 말하며 놀랄 때에 그 슬픔은 더 깊어져서 스스로를 마라라고 부르라고 말할 정도였습니다. 그러나 보아스의 환대 속에서 작은 희망을 발견했고, 이러한 희망이 점점 현실이 되어가는 것을 경험했습니다. 결국 보아스와 룻이 결혼하고 손자를 품에 안아들었을 때 큰 기쁨을 느꼈을 것입니다.

– 인물의 외모나 신체적 특징이 있습니까? 있다면 어떤 것입니까?

나오미는 결혼한 아들을 두었던 여인으로 최소한 40세 이상의 연령대에 속했을 것이라고 생각됩니다. 나오미 자신이 "나는 늙었으니 남편을 두지 못할지라(1:12)"라고 말하고 있는 것으로 보아서 50세 이상일수도 있다고 생각합니다. 고대에는 오늘날에 비해 여성들이 젊음을 오래 유지하지 못했고, 나오미는 모압 땅에서 고생을 많이 했기 때문에 더욱 나이들어 보였을 것 같기도 합니다.

③ 보아스

– 그 인물의 말이나 말투는 어떻습니까?

보아스는 축복의 말을 많이 합니다. 보아스는 추수꾼들에게 "여호와께서 너희와 함께 하시기를 원하노라"라고 축복합니다(2:4). 룻에게도 "여호와께서 네가 행한 일에 보답하시기를 원하며 이스라엘의 하나님 여호와께서 그의 날개 아래에 보호를 받으러 온 네게 온전한 상 주시기를 원하노라"라고 하고, 룻이 타작마당에서 자신의 발치에 누운 것을 발견했을 때에도 "내 딸아 여호와께서 네게 복 주시기를 원하노라"라고 축복합니다.

– 그 인물의 행동이나 행동방식은 어떻습니까?

보아스는 룻에게 선하게 행동하며 여러 가지로 보살펴 줍니다. 룻기를 보면 나오미, 룻, 보아스는 서로가 서로를 위하는 선행으로 연결되어 있습니다. 룻과 마찬가지로 보아스도 인애(헤세드)를 실천합니다. 나오미도 보아스의 행동에 대해 "살아있는 자와 죽은 자에게 은혜 베풀기를 그치지 아니하도다"라고 평가합니다. 보아스는 룻을 취한 후 버리는 비열한 짓을 하지 않습니다. 그리고 그 밤에 룻을 아내로

맞아들이는 성급한 행동도 하지 않습니다. 그는 그 밤에 인내합니다. 그러면서도 기업무를 자와 문제를 상의한 후 추진력있게 행동합니다. 인내와 추진력이 잘 결합되어 있습니다. 그러면서도 새벽에 룻을 보낼 때 시어머니의 양식을 챙겨주는 세심함을 갖추고 있습니다.

– 그 인물은 어떤 생각을 하고 있습니까?

룻이 부끄러워하지 않게 일을 잘 처리해야겠다고 생각하고 또한 자신이 우선순위가 아니기 때문에 후에 뒷말이 나지 않도록 신중하게 처리하려고 합니다. 자신이 젊지 않은데 룻이 청혼해 준 것을 고맙게 생각하는 것 같습니다. 타작마당에 찾아온 룻과 새벽까지 함께 있는 동안 앞으로 이 일을 어떻게 처리할 것인지에 대한 생각으로 머리가 복잡했을 것 같습니다.

– 그 인물의 정서(감정)는 어떻습니까?

처음에는 룻을 안스러워하는 마음이 있었는데, 타작마당에 찾아왔을 때는 호감을 표시합니다.

– 그 인물의 신념이나 가치관은 무엇입니까?

룻이 행한 선한 일을 인정해 줍니다. 이웃과 친족을 돕고자 합니다. 율법을 지켜 행합니다.

– 인물들의 외모나 신체적 특징이 있습니까? 있다면 어떤 것입니까?

보아스는 젊지 않습니다(3:10).

④ 보조적 등장인물들

엘리멜렉, 말로, 기룐은 이름만 등장하고 이들에 대한 자세한 설명이나 묘사는 나타나지 않습니다.

오르바는 유다땅으로 돌아가려는 나오미의 길에 동행하다가 돌아가라는 나오미의 말에 룻과 함께 "우리는 어머니와 함께 어머니의 백성에게로 돌아가겠나이다"라고 말하지만, 거듭 돌아갈 것을 나오미가 권하자 오르바는 결국 작별을 고합니다.

이웃사람들은 나오미의 모습에 놀라움을 표현하기도 하지만 대체로 축복하는 자들로 나타납니다.

장로와 백성들은 보아스와 룻을 축복합니다(4:11-12).

여인들은 나오미와 오벳을 축복합니다(4:14-15).

기업 무를 자[8]는 합리적인 사고를 가진 사람입니다. 처음에 룻을 받아들이려하지만 이후 자신의 기업(토지)에 손해가 날 것을 고려해 기업 무르는 일을 포기합니다.

---

8 룻기를 이야기로 읽으면서 몇몇의 사람들은 그동안 한 번도 관심을 가지지 않았던 '기업 무를 자'에게 흥미가 갔습니다. 왜냐하면 기업 무를 자의 모습에서 자신을 발견할 수 있었기 때문입니다. 기업 무를 자가 시끄럽고 복잡한 일에 휘말리기 싫어서 깊이 생각하지 않고 의무를 넘기는 모습이 바로 자신들의 모습이었습니다. 이야기로 성경을 읽으니 평소에 관심을 가지지 않던 의외의 인물로 깊이 생각할 수 있어서 성경 이야기 세계를 더 풍성하게 느낄 수 있었습니다.

사 건

1. 이 이야기에서 주된 사건은 무엇이며 부수적 사건들은 어떤 것입니까?

주된 사건은 룻이 보아스와 결혼하여 다윗의 조상을 낳는 것입니다. 부수적인 사건은 흉년, 모압으로 이주, 이방인과의 결혼, 남자들의 죽음, 나오미와 룻이 베들레헴으로 돌아옴(귀향), 룻의 이삭 줍기, 기업 무를 자의 포기 등입니다.

2. 주된 사건에 관계된 인물들은 누구이며 그들 상호간의 관계는 어떠합니까?

흉년으로 인해 모압으로 이주한 인물은 엘리멜렉과 나오미, 말론과 기룐입니다. 베들레헴으로 돌아온 것은 나오미와 룻입니다. 이삭줍는 밭에서 처음 만나 청혼하게 된 인물은 룻과 보아스입니다. 엘리멜렉의 기업을 물려줄 권리는 기업 무를 자에게 있었습니다. 룻과 보아스는 결혼하여서 아들을 낳았습니다. 룻과 보아스는 모두 유다 족보에 올라 다윗의 가계에 포함되었습니다(4:18-22).

3. 이 사건은 어떤 원인으로 발생했으며 그 주된 갈등상황은 무엇이며 어떻게 진행됩니까?

최초의 갈등은 나오미와 두 며느리의 갈등입니다. 나오미는 그들을 어머니의 집으로 돌려보내려 하고 두 며느리는 나오미를 따르려고 합니다. 이 갈등은 일차적으로 오르바가 입을 맞추고 작별을 고함으로써 일단락됩니다. 그 다음의 갈등은 나오미와 룻 사이의 갈등입니다. 나오미는 룻을 보내려하지만 룻은 끝까지 따르기로 결심합니다. 나오미가 룻을 보내기를 포기함으로써 이 갈등도 해소됩니다.

1장에는 나오미와 여호와 하나님 사이의 갈등이 있습니다. 비록 나오미가 하나님을 원망하지는 않지만 "여호와의 손이 나를 치셨다","전능자가 나를 괴롭게 하셨다","여호와께서 내게 비어 돌아오게 하셨다","여호와께서 나를 징벌하셨고 전능자가 나를 괴롭게 하셨다"는 말은 나오미와 하나님 사이의 갈등으로 볼 수 있습니다. 하지만 이러한 갈등은 나오미 자신의 신앙적인 고백으로 간주될 수도 있습니다. 이러한 갈등은 4:14-15절에서 해결됩니다.

흉년은 자연과 인간의 갈등으로 볼 수 있습니다.

사실 룻기에는 인물들 간의 갈등이 거의 발견되지 않습니다. 나오미와 며느리들 사이의 갈등도 서로를 위하는 따뜻한 갈등이라고 할 수 있습니다. 룻기에는 오히려 운명과의 갈등이 두드러집니다. 이러한 운명과의 갈등은 선의(인애와 은혜)와 우연(숨어계신 하나님의 은혜)으로 말미암아 해소됩니다. 흉년과 죽음이 여호와로부터 말미암는 것이라면 선의와 우연도 여호와로부터 말미암는 것입니다. 취하신 자도 여호와이시고 주신 자도 여호와이십니다.

4. 이 사건에서 갈등의 절정은 언제이며 그것은 어떻게 해소되어 갑니까?

흉년과 사망으로 시작된 갈등은 베들레헴으로 돌아와 생계를 이어가는 과정에서 점점 커지다가 타작마당에서 룻이 보아스에게 청혼하는 장면에서 절정을 이룹니다. 이 결혼이 이루어질 것인가, 이루어지지 않을 것인가의 갈등은 기업 무를 자가 권리를 포기함으로써 해소되고 아들을 낳는 해피엔딩으로 이어집니다.

5. 이 사건이 이야기의 다른 사건들에 어떤 영향을 미칩니까?

룻과 보아스가 결혼하여 낳은 자녀가 다윗의 조상이 됩니다.

배 경

1. 이 이야기는 언제 일어났으며 시간적 배경은 무엇입니까?

시대적인 배경은 사사들이 치리하던 때입니다(1:1). 사사들이 치리하던 때는 정치적으로 어지러운 시대였습니다(삿21:25). 나오미가 남편 및 두 아들과 모압에서 체류하던 시기는 10년이었습니다. 나오미와 룻은 베들레헴의 보리추수가 시작할 시기에 베들레헴에 이르렀습니다(1:22). 베들레헴에 도착한 지 얼마 되지 않아 룻은 이삭을 주으려고 나왔습니다. 룻은 아침부터 나왔고 집에서 잠시 쉰 다음 계속 일을 했습니다(2:7). 보아스와 룻의 대화는 점심 전에 이루어졌습니다(2:8-13). 점심시간의 이야기도 있습니다(2:14). 룻은 보아스의 호의를 받고 저녁까지 줍습니다(2:17). 그러므로 2:1-2:17절의 이야기는 하루 아침부터 저녁까지의 이야기라는 사실을 알 수 있습니다. 룻은 보리추수와 밀추수를 마치기까지 보아스의 밭 가까이서 이삭을 줍습니다(2:23). 보리추수를 마치고 타작을 하는 어느날 나오미는 룻에게 지시를 하고 룻은 그 밤에 보아스의 타작마당에 갑니다. 보아스가 여인이 발치에 있다는 것을 깨달은 시간은 "밤중"이었습니다(3:8). 그리고 룻은 "새벽"까지 보아스의 발치에 누워 있었습니다(3:14). 보아스는 [정황상 아마 그날 아침에] 성문으로 갔는데 마침 기업 무를 자를 만납니다(4:1). 곧바로 문제는 해결되었고 결혼 후 아들을 낳았을 때는 1년 정도 흘렀을 것으로 추측할 수 있습니다(4:13).

모압 사람 룻
룻은 나오미와 함께 나오미의 고향인 베들레헴을 향해 출발한다. 룻기는 모압 사람과 유다 사람들 사이의 적대감에 대해서는 한마디도 언급하지 않는다.
북
유 다
랍바
헤스본
느보 산
예루살렘
베들레헴
왕의 대로
(모압으로 통하는 주요 도로)
디본
아로엘
아르논 강
모 압
헤스본
0
25
50km

[그림 3] 룻기 지도

2. 이 이야기의 공간적 · 장소적 배경은 무엇입니까?

1장에서 엘리멜렉 일가는 유다 베들레헴 에브랏 사람으로 소개됩니다. 베들레헴은 1장에서 중요한 장소이고, 모압 역시 중요한 배경으로 그려집니다. 유다 땅으로 돌아올 때의 "길"도 중요한 장소입니다(1:7). 룻기 이야기에서 길은 결단의 장소입니다.

2장에서 보아스의 "밭"은 룻과 보아스가 본격적으로 만나기 시작한 장소입니다.

3장에서 룻과 나오미가 기거하는 곳은 "성읍"(3:18) 속에 있는 집입니다. "타작마당"은 결혼으로 이어지는 장소입니다(3:3.6).

* 온 성읍: 베들레헴은 이스라엘 역사에서 매우 중요한 역할을 차지하고 있음에도 불구하고 한 번도 큰 성읍이었던 적이 없다. 그 성업의 인구는 대부분의 기간 동안 200명을 넘지 않았을 것이며, 이 때에는 훨씬 더 적었던 듯하다. - IVP 성경배경주석

* 타작마당: 곡식을 까부르는 일은 종종 한낮의 열기가 가시고 산들바람이 부는 늦은 오후에 했다. 곡식을 까부를 때는 긴 손잡이가 달린 쇠스랑을 사용하여 타작한 곡식을 공중으로 던져 올렸다. 산들바람이 불면서 가벼운 겨는 약간 멀리 날아갔고(후에 그것을 다시 모아서 가축 사료로 사용했다)곡식은 타작 마당으로 다시 떨어졌다. 타작마당은 보통 산들바람을 최대한 이용하기 위해 야외의 트인 곳에 있었다. - IVP 성경배경주석

4장의 "성문"은 보아스와 룻의 관계가 정리되고 공인되는 장소입니다(4:1).

* 성문: 이스라엘 성읍에서 성문 지역은 활동의 중심이 되는 넓은 장소였다. 상인들, 방문객들, 사신들, 재판관들이 모두 그곳에 빈번하게 왕래했으며, 거기에서 각자의 할 일을 행했다. 그 곳은 사람을 찾기 좋은 장소였다(IVP, 『성경배경주석』).

3. 이 이야기의 정치 · 종교 · 경제적 배경은 무엇입니까?

* 과부의 곤경: 고대 근동 지역에서 과부들은 사회적 지위를 모조리 잃었으며, 일반적으로 정치적, 경제적 지위 또한 없었다. 그들은 현대 사회의 무숙자들과 같다고 생각할 수 있을 것이다(IVP, 『성경배경주석』).

룻기에 나오는 기업 무르는 일은 고대 이스라엘의 고엘 제도입니다.

"고엘"이란 히브리어는 "기업 무를 자"혹은 "구속자"라는 뜻으로 가까운 친족을 가리킨다. 기업 무를 자는 반드시 구속하는 사람과 혈연 관계에 있어야 하며(신 25:5-10, 히2:14-15), 구속의 값을 지불할 수 있어야 하고(벧전 1:18-19), 기업 무르고자 하는 의지가 있어야 한다.

이처럼 고엘의 의무는 근족이 빚으로 인해 재산상이나 신분상으로 얽매여 있을 때 대신 빚을 지불하고 해방시켜 주어야 했고(레 25:47-55), 근족이 죄를 지었을 경우에 친족은 그 근족의 죄 값을 무를 의무를 지게 됩니다(민 5:8). 또한 근족이 후사가 없이 죽었을 경우에는 가까운 형제 순으로 남겨진 미망인과 결혼하여 근족의 가문이 존속되게 하여야 했습니다(신 25:5-10). 이 고엘 제도가 룻기에서 잠시 언급되고 있습니다.

구 상

1. 저자가 이야기를 전개해 나가는 관점은 무엇이며 어떻게 표현되어 있습니까?

저자의 평가관점은 "여호와께서"라는 반복되는 말로 이해할 수 있습니다. '여호와께서'라는 말은 룻기 전체를 관통하여 나타나고 있습니다(1:6, 8, 9, 17, 21; 2:4, 12; 3:10, 13; 4:11, 12, 14).

2. 저자가 독자에게 전하고자 하는 메시지는 무엇입니까?

1) 약속의 땅을 떠나서 이방으로 가서는 안된다는 것입니다. 엘리멜렉 가정은 모압으로 가서 온전히 망했습니다.

2) 살아있는 동안 회개는 가능하다는 것입니다. 인간적인 시각으로 볼 때 가망성이 없어 보였던 나오미였지만, 회개함으로 말미암아 역전의 기회를 얻었습니다. 아무리 잘못과 실패의 상황 가운데 있다고 하더라도 숨이 붙어 있다면 회개의 기회는 있다는 메시지가 있습니다.

3) 하나님께 돌아올 때 '우연히'와 '마침'의 복이 있다는 것입니다. 룻기 이야기에서 '우연히'와 '마침'이라는 표현은 역설적인 표현입니다. 인간의 눈에는 우연히, 때마침 일어나는 일인 것 같지만, 그 배후에는 숨어서 역사하시는 하나님의 섭리가 있습니다.

4) 꺼져가는 등불과 같은 사람을 통해서 메시아의 계보가 이어졌다는 것입니다. 룻기 이야기는 다윗까지 이어지는 계보로 끝이 납니다. 다 죽어가던 나오미와 희

망 없어 보이는 룻을 통해 다윗의 조상이 태어납니다. 그 계보는 신약에서 예수 그리스도에게까지 이어집니다. 결국 룻기는 구속사적 관점으로 볼 때 그리스도의 혈통에 관한 이야기입니다.

3. 저자가 사용하는 수사학적 기법들(반복, 대조, 비교, 복선, 강조)은 무엇입니까?

저자의 기법에는'보여주기(showing)'와'들려주기(telling)'가 있습니다. 룻기 전체는 85절인데 그 중 45절이 대화입니다. 이는 저자가 보여주기를 잘 사용하고 있음을 나타냅니다.

또 이름은 등장인물의 성격을 그대로 묘사합니다. 자신을 '마라'라고 불렀던 나오미는 이야기 말미에 다시금 나오미가 됩니다. 룻은 나오미의 진정한 친구요 동반자였습니다. 보아스는 유력한 자였습니다.

저자는 이야기의 마지막에 베레스에서 다윗으로 이어지는 족보를 말합니다(4:18-22). 이러한 마지막의 족보의 삽입은 화자의 관심을 반영합니다. 결국 룻과 나오미의 이야기는 다윗왕으로 마무리됩니다.

2) 요나 이야기

요나는 아밋대의 아들(1:1)로서 그 이름의 뜻은 '비둘기'입니다. 요나는 가드헤벨(왕하 14:25) 사람인데, 가드헤벨은 갈릴리와 5km 정도 떨어진 곳입니다. 열왕기하 14장 25절을 보면 요나에 관한 말씀이 나옵니다. "이스라엘의 하나님 여호와께서 그의 종 가드헤벨 아밋대의 아들 선지자 요나를 통하여 하신 말씀과 같이 여로보암이 이스라엘 영토를 회복하여 하맛

어귀에서부터 아라바 바다까지 하였으니"(왕하14:25) 열왕기하에 따르면 요나는 여로보암 2세(BC 793-753) 시절의 인물입니다. 열왕기하는 여로보암이 악한 왕(왕하14:24)이었다고 평가합니다. 그럼에도 불구하고 하나님께서 이스라엘의 고난이 극심하여 여로보암을 통해서 구원을 베푸셨다고 평가합니다(왕하14:27). 실제로 여로보암 시기의 남북 이스라엘은 다윗과 솔로몬의 시대에 버금가는 영토를 회복했습니다. 요나의 예언이 성취된 것입니다. 열왕기하에는 요나에 대한 짧은 언급이 있고, 그것도 여로보암의 행적을 중심으로 설명하는 가운데 잠깐 언급되고 지나가는 것에 불과합니다. 그러나 요나서에서는 요나에 관한 4장 분량의 긴 이야기가 있습니다. 요나와 앗수르 예언과 관련된 이야기는 선지자의 배타성과 하나님의 마음을 이해하는 것에 도움을 주어 기존의 생각을 깨트리는 흥미롭고 은혜로운 이야기입니다.

등장인물

1. 이야기에서 주된 인물은 누구이며 보조적 인물은 누구입니까?

요나서의 주된 인물은 요나와 하나님입니다. 보조적인 인물은 선장, 사공들, 니느웨 백성들, 대신, 니느웨 왕이 있습니다.

2. 각각의 인물들의 성격을 좀 더 상세하게 묘사할 수 있습니까?

① 요나

요나는 자신의 의사를 분명하게 표현하고 고집이 셉니다. 타인에게는 엄격하고 자신의 의견은 항상 옳으며, 타인에게 자신의 행동이 잘못되었다고 지적을 받으면 변명하지 않고 바로 인정하고 자신의 기득권을 버립니다. 처음부터 하나님의 명령에 반감이 있고, 니느웨에 대해서 적개심이 컸습니다. 물고기 배에 들어가서는 하나님의 전능하심과 옳으심을 인정했지만 다시 땅에 나와서 니느웨에 도착했을 때까지도 완전히 동의하지는 않은 상태였습니다. 하나님의 박넝쿨을 통한 대화와 설득 시도에 즉각적으로 응답하지는 않습니다. 성격을 한마디로 표현할 수 없는 원형적 인물입니다.

② 하나님

하나님은 요나서에서 '여호와'라는 이름으로 나타나십니다. 니느웨의 죄악에는 선지자를 보내시는 간접적인 방법으로 개입하시지만, 요나의 반항에는 직접 바다와 물고기, 박넝쿨과 벌레, 동풍을 준비하셔서 직접적인 방법으로 개입하십니다. 하지만 개입의 목적은 징벌이 아니라 회개를 촉구하시기 위함입니다. 니느웨에 대해서도 연민과 사랑의 마음이셨고, 요나에 대해서도 화를 내지 않으시고 설득하려는 의사가 있으신 일관된 성격이십니다.

③ 선장

선장은 성격이 반듯하고 합리적입니다. 위기의 순간에 책임을 미루지 않고 현실에서 할 수 있는 모든 시도를 합니다. 의사표현은 직설적입니다. 다른 사람들은 선장의 말을 존경하고 복종하는 것 같습니다. 처음에는 하나님의 살아계심을 의식하지 못하였지만, 초자연적인 일을 분별하여 바라보고, 하나님의 살아계심을 인정하게 되었습니다.

④ 사공들

선장과 같은 뱃사람이지만, 합리적인 선장과는 달리 초자연적인 현상의 의미를 통찰하지 못하고 두려워하고 원망합니다. 위기가 닥치면 우왕좌왕합니다. 폭풍이 잠잠해진 후에 하나님을 경외하는 인식을 가지게 됩니다.

⑤ 니느웨 백성, 대신, 왕

요나의 외치는 말을 듣고 백성들은 회개하기 시작하였습니다. 대신들은 백성들의 움직임을 예의주시하고 있다가 중요한 사안을 선별하여 왕에게 잘 전달하는 분별력있는 인물들입니다. 니느웨 왕은 백성들의 움직임을 중요하게 생각하고, 겸손하게 행동할 줄 아는 사람입니다. 짐승까지 금식을 선포하는 완벽주의자이기도 합니다.

사 건

1. 이 이야기의 주된 사건은 무엇이며 부수적인 사건들은 어떤 것입니까?

요나 이야기에서 주된 사건은 하나님이 요나에게 니느웨로 가라고 하신 말씀을 요나가 거부하고 도망간 것, 선원들이 요나를 바다에 던진 것, 요나가 물고기 배 속에서 기도한 것, 니느웨가 요나의 메시지를 듣고 회개한 것, 하나님이 니느웨와 요나를 용서하신 것이 주된 사건입니다.

부수적인 사건으로는 풍랑이 일어난 것, 물고기가 요나를 삼켰다가 뱉은 것, 박넝쿨이 자랐다가 마른 것이 있습니다.

2. 이 사건은 어떤 원인으로 발생했으며 그 주된 갈등상황은 무엇이며 어떻게 진행됩니까?

갈등은 일단 인물 사이의 갈등이 있습니다.

요나 vs 하나님: 니느웨가 벌 받아야 한다는 요나가 옳은가, 용서하시겠다는 하나님이 옳은가?

요나 vs 니느웨: 니느웨는 벌 받아 마땅한 사람들이라는 생각과 회개하여 구원얻고 싶은 니느웨 사람들의 생각.

요나 vs 선장, 선원: 나에 대한 징벌이니 나를 바다에 던지라는 요나와 목숨을 살리려는 선장과 선원.

요나 vs 요나: 순종하고자 하는 요나와 회피하고자 하는 요나

그 다음으로 인물과 사회 사이의 갈등이 있습니다.

요나 vs 니느웨: 앗수르의 수도인 니느웨는 정복전쟁으로 요나의 고국을 잔인하게 짓밟음.

또 인물과 자연과의 갈등이 있습니다.

선장, 선원, 요나 vs 풍랑: 욥바를 출발한 후 갈등이 점점 커지다가 요나를 바다에 던진 후 갈등이 해소.

요나 vs 물고기: 죽고 싶은 요나와 죽이지 않는 물고기

요나 vs 박넝쿨, 벌레, 동풍, 태양: 요나에게 주어졌다가 거두어진 박넝쿨과 박넝쿨을 마르게 한 벌레와 동풍, 박넝쿨이 없는 요나에게 내리쬐며 요나를 괴롭게 하는 태양.

3. 이 사건에서 갈등의 절정은 언제이며 그것은 어떻게 해소되어 갑니까?

요나서에서는 초반에 요나가 하나님의 명령을 듣고 수행하기 싫어하는 갈등과 후반에 니느웨를 용서하신 하나님에 대한 원망과 갈등이 모두 크게 나타납니다. 초반에 나타난 갈등은 물고기를 보내신 하나님 앞에 요나가 회개하고 니느웨로 감으로써 해소되는 듯 보였습니다. 그렇지만 후반에 니느웨를 용서하신 하나님과 요나의 갈등이 다시 시작되고 그 갈등이 어떻게 해소되어 있는지는 기록되어 있지만 요나의 반응은 기록되어 있지 않습니다.

배 경

1. 이 이야기는 언제 일어났으며, 시간적 배경은 무엇입니까?

요나 이야기를 시간에 따라 진행과정을 재구성해 보았습니다.

하나님의 말씀을 듣고 요나는 바로 욥바로 가서 다시스로 가는 배에 올랐습니다.(예루살렘에서 욥바를 거쳐 다시스까지 7일)

배가 먼 바다로 나갔습니다.(2~3일)

풍랑을 만나 씨름하다가 요나가 던져졌습니다.(1일)

물고기 배 속에서 밤낮 3일을 지냈습니다.(3일)

해변에서 니느웨로 향했습니다.(7일)

니느웨에서 심판의 말씀을 전했습니다.(1일)

니느웨에 심판이 임하는지 지켜봅니다.(40일)

심판이 임하지 않자 계속 지켜봅니다.(7일)

박넝쿨이 자랐다가 마르고, 태양빛에 힘들어합니다.(2~4일)

이야기의 총 소요시간을 70~73일(두 달 이상)로 추정해볼 수 있습니다.

2. 이 이야기의 공간적 · 장소적 배경은 무엇입니까?

[그림 4] 요나서 지도

① 지리적 공간의 이동경로를 찾아보았습니다. 또 장소에 부여된 상징적 의미도 찾을 수 있었습니다.

- 이동 경로는 성읍 → 해변 → 바다 → 해변 → 니느웨 성읍 → 성 밖이며 장소에 부여된 상징을 바다 위(반항과 응징의 장소) → 물고기 배 속(음부, 지옥) → 육지(부활, 생명) → 박넝쿨 아래(은혜의 장소)입니다.

② 지정학적 공간의 의미를 찾아보았습니다.

- 요나가 사는 북이스라엘은 하나님의 말씀이 임하는 곳, 하나님의 말씀을 전하고 듣는 사람이 사는 곳이며 니느웨는 큰 성읍이지만 악독한 앗수르의 수도인 성읍, 하나님 말씀을 누가 찾아가서 전해줘야 들을 수 있는 곳, 왕이 사는 곳, 용서

받은 곳, 은혜를 누린 곳입니다.

– 욥바는 여러 세계로 가는 배가 들어오는 큰 항구이며, 성읍 동쪽은 은혜를 거부하는 곳 입니다.

③ 건축학적 공간을 발견할 수 있었습니다.

– 배, 초막은 인간이 자연을 통제하기 위해 세운 책략이나 결국 하나님이 보낸 풍랑과 동풍, 태양을 이기지 못합니다. 또한 성전은 하나님이 계시고, 하나님의 뜻이 온전히 구현되는 곳, 배 밑바닥은 하나님의 눈을 피하는 곳 입니다.

3. 이 이야기의 정치, 종교, 경제적 배경은 무엇입니까?

– 북이스라엘은 여로보암 왕 시대(열왕기하 14:23, 27) 즉 왕국의 전성기를 누리던 시기로 앗수르에 괴롭힘을 당하던 시절은 아닙니다.

– 앗수르(니느웨)는 잔인한 정복 전쟁으로 확장하여 왕성하던 시기입니다.

– BC 760년, 722년 남북으로 나뉘고 이 사건 이후 40년 후 앗수르가 북이스라엘을 멸망시킵니다. 앗수르로 인해 이스라엘의 12부족 체제가 흐트러집니다. 북이스라엘은 앗수르의 이주정책으로 이방인과 혈통이 혼합됩니다. 이후 다시 유다를 침공했지만 실패합니다. 이스라엘의 혈통을 더럽히는 앗수르의 민족 정책에 대해 요나는 좋은 감정을 가질 수 없는 배경이었습니다.

구 상

1. 저자가 이야기를 전개해 나가는 관점은 무엇이며 어떻게 표현되어 있습니까?

– 하나님의 관점은 창조주가 피조물을 바라보시는 관점입니다. 하나님은 피조물을 아끼십니다.

– 요나의 관점은 유다인이 이방인을 바라보고 평가하고 판단하는 관점입니다.

– 저자의 관점은 하나님의 관점입니다. 저자는 하나님께서 피조물을 아끼시는 것을 알고 있고 요나는 거기에 동의하지 못하지만 저자는 하나님께 동의하고 있습니다. 그래서 율법과 관습을 선지자에게 주어진 하나님의 말씀보다 중요시하는 유대인에 대한 비판적인 관점도 드러납니다.

2. 저자가 독자에게 전하고자 하는 메세지는 무엇입니까?

– 자연도 하나님의 주관아래 움직인다는 인식이 나타납니다.

– 하나님은 죄악을 징벌하신다는 메시지를 가지고 있습니다. 즉, 재앙은 하나님의 징벌이라는 인식입니다.

– 사람이 기도하면 하나님이 들으신다는 메시지를 담고 있습니다.

– 이방인인 니느웨 사람들이 회개함으로 구원받을 수 있다는 것을 보여줍니다.

– 요나서 이야기를 거대 서사인 성경 전체의 맥락에서 살펴볼 수도 있습니다. 신약에 요나서가 언급된 것을 찾아보면, 예수님께서 부활의 증표로 요나서를 언급하십니다(마태복음 12:39–40). 누가복음 11장에서는 회개한 이방인인 남방여왕과 니느웨 사람들이 당시 예수님을 배척하는 사람들을 정죄할 것이라고 언급하기도 하십니다. 정작 요나서의 주인공 요나는 온전한 회개에 이르지 못하고 쓴뿌리를 가지고 있다가 그것을 드러내고 맙니다. 요나의 회개는 징벌로 인한 회개였습니다. 하나님에 대한 깊은 은혜와 사랑에 감동을 받을 때, 진심으로 회개하고 하나님께 승복할 수 있습니다.

3. 저자가 사용하는 수사학적 기법들(반복, 대조, 비교, 복선, 강조 등)은 무엇입니까?

보여주기(묘사) 기법이 나타납니다.

1장 4~14절: 도망자와 추격자를 보여줍니다.

2장: 인간의 악함과 하나님의 절대성을 인정한 기도를 보여줍니다.

3장: 심판의 말씀을 듣고 회개하는 니느웨를 보여줍니다.

4장: 니느웨와 요나에 일관성있게 자비로 대응하시는 하나님을 보여줍니다.

들려주기 기법이 나타납니다. 1장 1~3절: 하나님의 말씀과 요나의 반응을 요약해 들려줍니다.

요약, 평가개입 기법이 나타납니다. 1장 15~17절: 선장, 선원들의 인식 변화와 요나의 상태를 설명합니다.

3장 3절: 니느웨에 대해 설명합니다.

3장 10절, 4장 6절: 하나님의 생각을 대변합니다.

대조 기법이 나타납니다. 선장, 선원, 니느웨 백성들은 하나님 앞에 순순히 회개하는 반면 요나는 억지로 회개하고(2장), 회개한 뒤에도 하나님 뜻에 승복하지 못하고 숨겨진 분노를 표출하는 모습을 보입니다.

4. 저자가 독자에게 요구하는 전제들이나 사전 지식은 무엇입니까?

요나서가 쓰일 당시 유다에 거주하는 유대인을 대상으로 한 이야기입니다. 따라서 고대 중동의 지리를 알고, 앗수르와 북이스라엘의 정치적 관계와 역사를 아는 사람, 요나의 정서를 이해할 수 있는 사람을 대상으로 생각하고 쓰인 이야기임을 알고 읽어야 합니다.

5장
구성요소별
성경 서사 읽기

지금까지 '질문지'를 중심으로 성경 서사 읽기를 시도해 보았습니다. 그러나 자칫 질문지에 기계적으로 답을 넣다 보면 서사 이야기의 역동성을 잃어버릴 수도 있습니다. 그래서 서사 읽기의 심화 단계인 구성 요소별 성경 서사 읽기를 소개 합니다. 질문지로 읽을 때 등장인물, 사건, 배경, 구상을 전체적으로 아우르면서 성경 이야기를 읽었다면, 여기에서는 다른 구성요소들도 염두에 두되 하나의 초점에 집중하면서 서사 읽기를 해 보는 것입니다. 아브라함 이야기나 사도행전과 같이 긴 이야기를 읽을 때 맥락을 잘 찾지 못한다면, 하나의 초점에 집중하여 이야기를 읽는 방식이 이야기 이해에 도움을 줄 것입니다. 여기에서는 요나 이야기는 인물에 초점을 맞추어 보았고, 아브라함 이야기는 사건에, 사도행전 이야기는 배경과 구상에 초점을 맞추어 보았습니다.

서사 읽기를 심화하는 방법 즉 구성 요소별 성경 서사 읽기 중 하나는 중요 인물에 대해서 심층적인 분석을 해 보는 것입니다. 즉 등장인물의 내면을 심층적으로 연구하는 것입니다. 인물에 대한 심층적인 연구에는 보리스 우스펜스키(Boris Uspensky)의 도식을 활용하면 효과적입니다.

보리스 우스펜스키는 이야기 요소 중 등장인물을 분석하는 네 가지 차원을 제시합니다.

공간, 시간적 측면(행위)	어법적 측면(말)
심리적 측면(정서, 느낌)	이념적 측면(사상)

[표 1] 우스펜스키의 도식

일반 서사 읽기에는 우스펜스키의 4가지 차원으로 충분할 것입니다. 그러나 성경 서사 읽기에서는 이 네 가지 측면에 '영적인 측면'을 추가시킵니다.

또 다른 방법은 이야기의 구성요소 중 사건을 심층적으로 공부하는 것입니다. 이야기 요소 중 사건을 구성하는 중요한 줄기는 갈등의 흐름과 그에 따른 인과관계입니다. 갈등을 일으키는 핵심사건을 따라가다 보면 주변사건의 작은 이야기에 매몰되거나 주의가 흐트러지지 않고 이야기의 메시지가 뚜렷이 부각됩니다. 대서사를 분량을 나누어 읽다보면 전체 이야기를 어떻게 종합하여 조망하여야 할 지 혼란스럽기도 합니다. 이런 경우 전체 이야기 사건의 흐름을 파악하거나, 거대 서사인 성경의 맥락에서 해당 이야기를 어떻게 평가하는지를 살펴봄으로써 읽고 있는 성경이야기의 의미를 보다 분명히 파악해볼 수 있습니다. 특히 사건의 구도를 파악하는 데는 그레마스(Greimas) 도식이 유효합니다.

[표 2] 그레마스 도식

이야기는 주체가 객체인 목표를 이루고자 하는 욕망에 의해서 진전이 됩니다. 주체가 대상인 목표를 이루고자 할 때 이것을 도와주는 자들이 있고 반대하는 자들이 있습니다. 주체는 조력자의 도움을 받고 반대자의 반대를 극복하면서 그 목표를 향해서 행동합니다. 주체가 이루고자 하는 객체인 그 목표는 바로 이 작품을 쓴 저자가 독자들에게 전하고자 하는 내용입니다. 발신자인 저자는 수신자인 독자에게 주체가 목표로 이루고자 하는 그 객체를 전하고자 하는 것입니다.

세 번째 방법은 배경과 구상에 초점을 맞추어 그것을 중점적으로 이해하는 것입니다. 시간적 배경, 공간적 배경, 사회적 배경을 더 심층적으로 파악하면 전체 이야기의 맥이 나타나게 됩니다.

자, 그럼 구성 요소별로 성경 서사 읽기를 시작해 보겠습니다.

1) 인물 중심으로 요나 이야기 읽어보기

보리스 우스펜스키가 제시한 4가지 측면과 영적인 측면에서 요나가 어떻게 묘사되어 있는지를 찾아보았습니다.

공간, 시간적 측면(행위)
- 하나님의 명령을 회피합니다.
- 적극적으로 도망합니다.

어법적 측면
- 민족적, 배타적 우월주의를 드러냅니다.

심리적 측면
- 분노를 일으킵니다.(싫어하고 성냄)

이념적 측면(사상)
- 민족 우월주의, 배타적 국수주의, 이스라엘 우선주의의 이념을 가지고 있습니다.

영적인 측면
- 하나님과의 관계에 있어서 영혼적인 고뇌를 느낍니다.
- 신앙적 위기

[표 3] 우스펜스키 도식에 대입한 요나 이야기

요나서를 심층적으로 이해하려면 요나서의 중요 인물인 요나의 내적인 상태를 깊이 이해할 필요가 있습니다. 위의 네가지 측면과 더불어 특히 요나와 하나님과의 관계를 통찰할 필요가 있습니다. 요나서에서 요나는 매우 깊은 영혼의 고뇌를 경험합니다. 그의 심리상태는 영적으로 그리고 신앙적으로 위기를 당했을 때의 심리상태와 비슷한 것입니다. 이런 신앙인만이 가지는 심리상태를 이해할 때 요나서를 더 생생하게 이해할 수 있습니다.

사실 요나는 굉장히 담대하고 자기 주장이 강합니다. 이는 그가 하나님과 만나는 모습에서도 잘 나타납니다. 이스라엘 사람들이 하나님을 만나는 것은 보통의 경험이 아닙니다. 구약에서 하나님을 만나는 것은 엄청난 두려움을 동반합니다. 죽음을 방불케하는 만남인 것이죠. 야곱이 하나님을 대면하고나서 살았음에 감동하고, 이사야는 하나님을 만나고 나서 "화로다 나여 망하게 되었도다"라고 절규합니다. 요한계시록에서도 하나님을 만난 충격을 전하고 있습니다. 우리는 국가나 직장의 높은 사람만 만나도 긴장하고 두려워하는 경우를 봅니다. 요나도 하나님을 만났을 때 그러한 두려움을 느꼈을 것입니다. 그런데 요나는 그러한 두려움 속에서도 제 할 말을 다합니다. 대단하죠?

신앙인들은 하나님이 들어오시지 못하는 방을 가지고 있습니다. "하나님 이것만은 절대로 안 됩니다"라고 말합니다. 우리는 다 이렇게 주장하고 살아갑니다. 우리 모두 그렇습니다. 요나의 경우에 그 방은 '민족적 배타적 우월주의'였습니다. 요나는 하나님의 말씀을 듣고 말 한 마디도 안 하고 다시스로 갑니다. 이야기 할 필요도 없다는 것이죠. 죽도록 고난을 당한 뒤에야 대화를 합니다. 그래도 요나에게 가능성이 있는 것은 하나님과 대화를 한다는 것입니다. 물론 대화에 문제는 있지만 어쨌든 대화를 한다는 것이 중요합니다. 요나의 마음 그리고 하나님의 마음을 깊이 있게 이해할 때 요나 이야기를 심층적으로 알 수 있습니다.

이런 요나의 인물적 특성을 고려할 때 요나 이야기의 전체적인 맥을 형성하는 하나의 질문을 생각해 봅시다. 그것은 바로 '요나는 진짜 회개했는가?'라는 질문입니다. 요나서에는 요나가 회개하고 하나님의 말씀에 순종하였는지, 순종하지 않았는지 결말이 분명하게 그려져 있지 않습니다. 열린 결말인 것입니다. 그래서 읽는 사람 나름대로 하나님께 순종하고 할 말이 없어진 요나, 또는 하나님께 끝내 순종의 대답을 하지 않는 요나의 모습을 상상하며 읽게 됩니다. 그렇다면 요나서에 분명하게 제시되지 않은 결말과 요나서 이야기의 의미는 어떻게 찾을 수 있을까요? 요나서 외의 성경에서 요나서를 어떻게 언급하고 있는지를 살펴봄으로써 요나서의 메시지를 더욱 분명하게 찾아볼 수 있습니다.

신약에서 예수님은 요나 이야기를 언급하십니다(마 12:38-40, 눅 11:29-32).

> 그 때에 서기관과 바리새인 중 몇 사람이 말하되 선생님이여 우리에게 표적 보여주시기를 원하나이다. 예수께서 대답하여 이르시되 악하고 음란한 세대가 표적을 구하나 선지자 요나의 표적 밖에는 보일 표적이 없느니라 요나가 밤낮 사흘 동안 큰 물고기 뱃속에 있었던 것 같이 인자도 밤낮 사흘 동안 땅 속에 있으리라(마12:38-40)

> 무리가 모였을 때에 예수께서 말씀하시되 이 세대는 악한 세대라 표적을 구하되 요나의 표적 밖에는 보일 표적이 없나니 요나가 니느웨 사람들에게 표적이 됨 같이 인자도 이 세대에 그러하리라 심판 때에 남방 여왕이 일어나 이 세대 사람들을 정죄하리니 이는 그가 솔로몬의 지혜로운 말을 들으려고 땅 끝에서 왔음이거니와 솔로몬보다 더 큰 이가 여기 있으며 심판 때에 니느웨 사람들이 일어나 이 세대 사람을 정죄하리니 이는 그들이 요나의 전도를 듣고 회개하였음이거니와 요나보다 더 큰 이가 여기 있느니라(눅11:29-32)

예수님은 마태복음 12장에서 요나를 부활의 증표로 언급하십니다. 누가복음 11장에서는 회개한 이방인인 니느웨 사람들을 예시로 활용하여 이 세대 사람들을 정죄하는 것에 관심을 보이고 있습니다. 이방인이 회개하고 구원받은 백성이 될 수 있다는 이야기를 할 때 요나의 이야기를 사용하십니다.

이런 구속사적 맥락에서 요나서를 다시 읽어보면 요나서에서 하나님의 말씀과 권위에 순종하는 이방인의 모습은 여러 번 나옵니다. 선장과 선원들도 하나님의 능력에 고개를 숙였고, 니느웨 백성도 하나님의 심판 말씀에 회개하는 모습이 나옵니다. 이방인이 주님의 말씀을 통해 회개할 수 있고 그들이 구원사에서 주축을 이룰 수 있다는 것이 요나 이야기의 중요한 메시지입니다.

예수님은 니느웨 백성의 회개, 즉 이방인의 회개를 긍정적으로 평가해서 이방인들이 유대인들을 정죄할 것이라고 요나 이야기를 해석해 주셨습니다. 요나서를 보면 세 가지의 회개의 유형이 나옵니다.

선장과 선원의 회개 — 요나의 회개 — 니느웨의 회개

니느웨의 회개와 비교할 때 요나의 회개는 완전한 과정에 이르지 못한 회개라고 할 수 있습니다. 그의 회개는 뭔가 찝찝(?)합니다. 그것은 쓴 뿌리가 남아 있는 회개입니다. 요나는 물고기 배속에서 구원은 하나님께 달린 것이라고 회개하는 모습을 보여주었습니다. 하지만 요나의 회개는 징벌에 의한 것이었고, 온전히 하나님께 승복한 것이 아니었기에 마음에 남아있던 분노가 이야기 말미에 터져 나옵니다.

이에 비해 니느웨 백성들은 어떻습니까? 니느웨 백성은 강대국의 사람들이었고 요나는 변방의 이름없는 약소국의 사람이었습니다. 오늘날로 치면 요나가 회개를 선포한 것은 아프리카의 한 이름없는 인물이 미국에 와서 경고의 메시지를 전한 것과 다름 없습니다. 요나는 지극히 작은 나라에서 온 예언자였던 것입니다. 그럼에도 불구하고 니느웨 백성들은 겸손하게 회개했습니다. 이런 모습은 회개했음에도 불구하고 끝까지 하나님께 분노하는 요나와 대비됩니다.

요나서에서는 1차적으로 일반 인물 묘사 질문을 하고 2차적으로 상세 인물 묘사 질문을 합니다. 상세 인물 묘사 질문은 앞에서 언급한 우스펜스키의 도식을 활용하여 1. 공간, 시간적 측면에서는 행위 2. 어법적 측면에서는 말 3. 심리적 측면에서는 정서, 느낌 4. 이념적 측면에서는 사상과 더불어 5. 영적인 측면에서는 하나님과의 관계에 대해 질문을 합니다.

요나서의 주요 메시지는 이방인이라 하더라도 온전히 회개할 때 약속의 자녀라고 하면서 온전히 회개함이 없는 유대인보다 더 하나님의 긍휼을 입기 쉽다는 것입니다. 결국 하나님께는 혈육이 문제가 아니고 그 중심이 중요한 것입니다. 요나가 하나님의 이 뜻을 진심으로 받아들이지 못하는 한 그는 온전히 회개하기가 어렵습니다. 그래서 우리가 온전한 회개를 하기 위해서 하나님의 뜻을 알아야 합니다. 이 하나님의 뜻을 알고 그것에 순종하는 것이 참된 회개입니다. 요나가 보여주는 내면의 갈등은 하나님의 뜻을 알고 그것에 순종한다는 것이 얼마나 어려운지를 보여줍니다. 그러나 하나님을 믿는다는 것은 궁극적으로 하나님의 뜻에 순종한다는 것입니다. 그래서 순종이 제사(예배)보다 낫습니다.

2) 사건 중심으로 아브라함 이야기 읽어보기

아브라함 이야기와 같은 대서사(장편 이야기)는 한꺼번에 전체 이야기를 읽기가 어렵습니다. 이야기를 6회 정도 분량으로 나누어 각 분량마다 등장인물, 사건, 배경 중심으로 서사 읽기를 진행하도록 일정을 구성할 수 있습니다. 그럼 어떻게 또는 어떤 방식으로 아브라함의 전체적인 이야기를 조망해 볼 수 있을까요? 하나의 핵심, 중심을 잡기 위해서는 저자가 긴 이야기를 통해 전하고자 하는 메시지, 즉 핵심적이 내용은 무엇일까를 안다면 내용을 정리하는데 도움이 될 것입니다.

긴 이야기가 나올 때 제일 부딪히는 문제는 주된 메시지를 찾는것이 어렵다는 것입니다.

서사적 이야기를 하면서 무엇이 핵심인가를 찾아보려고 할때, 구약의 이야기는 신구약 사이에(간(間)텍스트) 일치적인 내용이 있으면 중요한 메시지로 보는 것이 정확합니다.

아브라함 이야기는 바울과 야고보 그리고 히브리서 저자가 이야기 하고 있습니다. 신약 저자가 아브라함의 이야기를 논하는 것에 대하여 진지하게 살펴보아야 합니다. 로마서 4장을 먼저 볼까요? 로마서 4장은 로마서 전체에서도 핵심적인 부분입니다. 4장은 '이신칭의' 교리 중에서도 핵심적인 부분으로 할례나 약속 등 다양한 주제를 다루고 있지만 가장 핵심적인 단어는 바로 '믿음'입니다. 4장 9절은 다음과 같이 말씀하고 있습니다.

> 그런즉 이 복이 할례자에게냐 혹은 무할례자에게도냐 무릇 우리가 말하기를 아브라함에게는 그 믿음이 의로 여겨졌다 하노라(롬4:9)

이 말씀은 창세기 15장 6절에 관한 말씀입니다.

> 아브람이 여호와를 믿으니 여호와께서 이를 그의 의로 여기시고(창15:6)

바울은 아브라함 이야기 전체에서 이 믿음과 믿음으로 의롭게 되었다는 것을 가장 핵심적인 사건으로 봅니다.

로마서 4장은 로마서의 핵심적인 사상인 '이신칭의', 믿음은 무엇인가를 설명하고 있습니다. 여기서 아브라함의 이야기를 하면서 '이신칭의'에 대해 서술하고 있습니다. 할례, 후대를 약속하신 것, 믿음에 관하여 이야기하면서 18절에 보면 바랄 수 없는 중에 바라는 믿음과 사라의 이야기를 통한 믿음을 이야기합니다. 로마서 4장을 보면 전체가 아브라함에 대한 이야기입니다. 여기서 핵심적인 단어가 '믿음'입니다. 많은 민족의 조상이 되었다는 아브라함의 이야기 전체는 행위가 아니고 믿음으로 되었다는 것입니다. 핵심적인 사건은 아브라함이 믿음으로 의롭게 되었다는 것입니다. 이 믿음이 여러 사건을 통해 나타납니다.

반면 야고보는 2장 21절에서 다음과 같이 말씀합니다.

> 우리 조상 아브라함이 그 아들 이삭을 제단에 바칠 때에 행함으로 의롭다 하심을 받은 것이 아니냐(약2:21)

야고보서 2장에 언급된 아브라함의 이야기는 제단을 바칠 때 행함으로 의롭다 함을 인정받는 이야기로 믿음이 그 행함과 함께 일하고 행함으로 믿음이 온전케 된다고 말하고 있습니다. 믿음을 말하는 로마서와 행함을 말하는 야고보서의 논조는 서로 상반되는 것처럼 보입니다.

창세기 15장 6절을 보면 '아브라함이 여호와를 믿으니 이를 의로 여기시고 그에게 이르시되'라고 합니다. 아브라함이 믿음으로 의롭게 되는 근거가 나타나 있습니다. 그러므로 바울은 아브라함 이야기에서 15장의 사건(자식이 없지만 많은 후손을 보여주는 사건 즉 보이지 않는 아들에 대한 약속을 믿는 사건)이 핵심적인 사건이라고 보았습니다. 이에 반해 야고보는 창세기 22장에서 이삭을 바치는 사건을 언급하면서 믿음은 행위로 증명된다고 말하고 있습니다.

'믿음'이라고 말하는 바울의 로마서 이야기와 '행함'이라고 말하는 야고보의 이야기는 갈등을 일으키는 구조가 아닌가 생각하지만, 야고보도 궁극적으로 '믿음'을 이야기 하고 있습니다. 행함이 있는 믿음 곧 믿음을 이야기 하고 있습니다.

> 네가 보거니와 믿음이 그의 행함과 함께 일하고 행함으로 믿음이 온전하게 되었느니라(약2:22)

바울이나 야고보나 히브리서 저자나 공통적인 것은 '믿음'에 대한 것입니다.

이처럼 긴 이야기를 볼 때 일차적으로 다른 성경의 저자가 무엇을 핵심으로 잡는지 저자들(간텍스트)의 해석을 찾아봅니다. 아브라함의 이야기에 대한 공통적인 해석 즉 간텍스트 저자들의 이야기는 '믿음'입니다. 그러므로 '믿음'을 아브라함 이야기의 주 교훈적인 메시지로 정하면 성경적으로 안전하고 근거가 있는 이야기가 됩니다. 또한 핵심사건의 맥을 잡는데 그레마스 도식이 도움이 됩니다. 그레마스 도식은 구조주의에서 사용하는 방법입니다.

구조주의는 모든 이야기(작품)에는 눈에 보이든 보이지 않든지 문학의 법칙(공식)이 있다고 봅니다. 6개의 도식이 있고, 이야기 속에서 이 요소를 찾으면 그 이야기의 핵심을 찾을 수 있습니다.

아브라함 이야기에서는 저자가 독자에게 전해주고자하는 메시지가 있습니다. 즉 믿음이 무엇인가를 가르쳐주고자 합니다. 이 믿음을 어떤 방법으로 가르쳐줍니까? 이야기를 통해 가르쳐주기 때문에 우리는 이 믿음이 무엇인가를 아브라함의 이야기를 통해 배워야 합니다. 즉 아브라함의 이야기는 아브라함이 온전한 믿음을(믿음을 성취해 가는 과정) 깨달아 알아가는 과정입니다. 이것이 전체 14장의 이야기입니다. 이 이야기가 복잡해지는 이유는 이야기 속에 조력자와 반대자가 있기 때문입니다. 그럼 아브라함의 조력자는 누구입니까?

조력자는 하나님입니다. 하나님은 아브라함이 믿음의 길을 가려고 할 때 초지일관 도와주는 조력자입니다.

아브라함이 믿음을 가지려는 것을 방해하는 인물들은 사라, 하갈, 이스마엘 등 주위의 인물들입니다.

하나님이 없었다면 아브라함은 이 반대자들 속에서 믿음으로 일어날 수 없었을 것입니다. 하나님 없는 주위의 인물들로부터는 아브라함이 진정한 믿음을 배울 수 없었을 것입니다. 또 이 반대자를 외적, 내적으로 구분 할 수도 있습니다. 아브라함은 외적인 등장인물을 통해 또는 자기내면의 문제 때문에 또는 신앙을 세울 수 없을수도 있었습니다. 외적인 반대자들 뿐 아니라 두려움, 회의 등 내적인 요소들도 이야기 속에서 반대자로 작용할 수 있습니다.

이러한 도식으로 간단하게 이야기를 줄여볼 수 있습니다.

전체적인 조망을 찾기 위해서 이러한 도식이 긴 이야기를 간단하게 만들어주는데 도움이 됩니다.

그러므로 아브라함의 이야기는 개별적 이야기로 나누기 전에 전체적인 이야기의 조망을 살펴보는 것이 좋습니다.

종합하자면 아브라함의 이야기를 신약의 저자(간텍스트)들로부터 핵심적인 메시지를 찾고 전체적인 이야기를 이러한 도식 가운데 조망해 보는 과정을 통해 긴 이야기가 좀 더 구체적이고 선명한 이야기로 짧게 정리가 됩니다.

아브라함 이야기의 주제는, '믿음은 과연 무엇인가?'입니다. 이 믿음을 알려주기 위해 저자는 조력자, 반대자를 통해 설명해주고 있습니다. 저자는 수많은 사건을 통해 온전한 믿음을 이루어가는 과정을 보여줍니다. 온전한 믿음이 무엇인지 조력자와 반대자를 통하여 조명해 보는 것입니다.

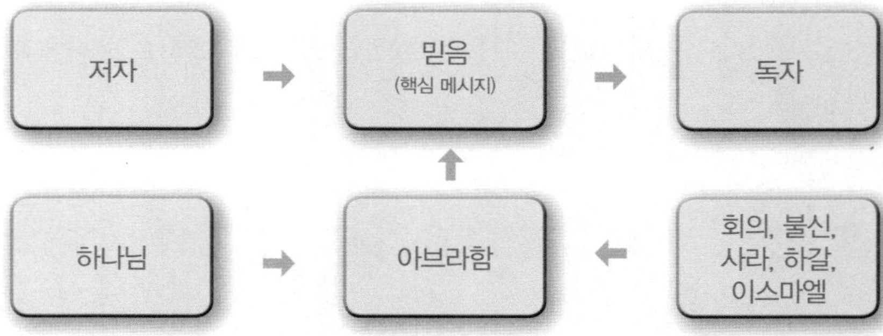

[표 4] 그레마스 도식에 대입한 아브라함 이야기

그레마스 도식 말고도 문학적 구도로써의 갈등의 흐름을 따라 전체 이야기를 파악할 수 있습니다.

아브라함의 이야기에는 많은 사건들이 일어납니다. 사건은 대부분의 경우 인과관계를 가집니다. 인과관계에서 원인 행위의 발단은 갈등에서 비롯됩니다. 원인 행위의 근원지는 갈등(불일치)인데 갈등은 이념, 배경, 성격, 사고방식, 세대 등의 불일치에서 일어납니다.

아브라함 이야기에 등장하는 사건들 속에서의 갈등은 믿음과 불신(두려움, 회의, 불신으로 표현)의 갈등입니다.

아브라함 사건의 진원지를 갈등으로 본다면 믿음과 불신 즉 문학적 표현으로는 '하나님의 비전과 약속 대 현실간의 갈등' 곧 '꿈, 비전 대 현실' 입니다.

아브라함 이야기의 핵심은 하나님의 약속안에서 꿈을 꾸는 자는 갖가지 현실절 어려움에 부딪히지만 결국 그것들을 하나님의 도우심으로 극복할 수 있다는 것입니다. 이 갈등의 흐름을 도식으로 그려보면 다음과 같습니다.

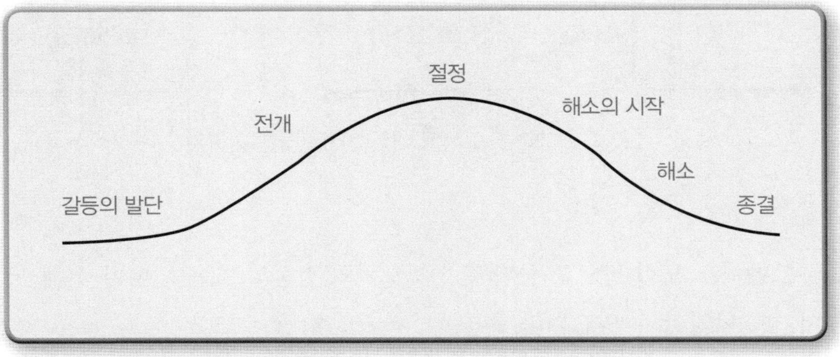

[표 5] 갈등의 흐름

이 갈등의 흐름에 따라 아브라함의 긴 이야기를 단락으로 나누면 다음과 같이 나눌 수 있습니다.

가. 갈등의 발단, 창세기 12-14장
나. 갈등의 전개, 창세기 15-16장
다. 갈등의 절정, 창세기 17-18장
라. 갈등 해소의 시작, 창세기 21장
마. 갈등의 해소, 창세기 22장
바. 종결, 창세기 23-25장

가. 갈등의 발단

아브라함이 아직 아브람일 때 이야기에 처음 등장합니다.

이 단계에서 주요 사건과 관련된 인물들은 하나님과 아브람, 사래, 롯입니다. 하나님이 약속을 주셨고, 아브람과 사래, 롯은 그 약속을 신뢰하고 따라갑니다. 부수적인 사건은 아브람의 순종을 방해하는 가뭄, 바로 왕, 목자들의 다툼 등 입니다. 이 사건과 갈등들은 하나님께서 직접 개입하셔서 해결하기도 하시고, 아브람의 양보로 갈등이 해소되기도 합니다.

나. 갈등의 전개

하나님은 땅과 후손에 관한 약속을 아브람에게 주셨습니다. 조카 롯을 구원하기 위해 왕들과 전쟁을 벌인 뒤 승리는 했지만 두려움에 빠진 자신을 격려하시는 하나님께 아브람은 자식이 없음을 언급하며 엘리에셀을 후계자 삼고자 합니다. 이 장면에서 하나님이 주신 '자식'의 비전과 자녀를 가지기 어려운 현실의 갈등이 처음으로 나타납니다.

자녀를 약속하신 하나님 앞에 자녀가 아닌 사람을 후계자라고 말하는 부분은 아브람이 하나님의 약속을 실현될 것으로 생각하지 못하고 있음을 드러내는 것입니다. 그런 아브람에게 하나님은 "상속자는 네 몸에서 난 자가 될 것이다"라고 하면서 갈등이 시작됩니다.

이 사건은 아브람에게 아직 자녀가 없기 때문에 발생하였습니다. 이 사건의 주된 갈등은 아브람이 하나님의 약속을 받았지만 현실적으로 약속의 구체적인 성취가 어떻게 될 것인지 알 수 없는 마음에서 발생했습니다.

시간이 지나도 자녀가 없자 이 갈등은 점점 커져서 첩을 맞으라는 사래의 말을 현실적인 제안으로 받아들이게 됩니다. 이 사건으로 아브람은 하나님과 멀어지게 되고 하나님은 14년이라는 시간이 흐른 뒤에 다시 아브람에게 나타나십니다. 이 사건은 아브람과 하나님 사이에 갈등을 일으켰을 뿐 아니라 첩으로 들인 하갈과 사래 사이에도 갈등을 만들고, 하갈의 임신과 출산으로 사래와 아브람 사이에도 갈등을 일으키는 등 여러 부분으로 아브람 인생을 어렵게 만드는 계기로 작용합니다.

다. 갈등의 절정

갈등의 절정은 17-18장에서 아브라함과 사라가 하나님의 말씀에 웃는 사건입니다. 이미 이스마엘이 태어난 지 10여년이 지난 시간에 하나님은 다시 찾아오셔서 아브람과 사래에게 아브라함과 사라라는 새 이름을 주시면서 할례의 언약을 세우시고, 사라의 몸에서 태어날 자손에 대해 말씀하십니다. 그 자리에서 아브라함과 사라는 쓴웃음을 웃습니다. 18장에 하나님과 사라 간의 대화에서 사라는 속으로 웃었다가 추궁하시는 하나님께 웃지않았다며 부인하는 모습을 보이기도 합니다.

하나님은 아브라함에게 다시 언약을 주시면서 아브라함 부부의 이름도 직접 바꾸어 주시고, 더 구체적인 내용으로 언약하시고 언약의 표징으로 몸에 새기는 할례를 명하십니다.

자식을 두고 하나님과 아브라함간의 가장 큰 갈등은 하나님의 약속이 전혀 믿을만한 가치가 없는 것으로 간주된 그 사건에서 일어납니다. 이 시점에는 하나님에 대한 어떤 견해에 있어서도 반대적인 입장을 취할 수 밖에 없는 처지였을 것입니다.

이런 갈등의 흐름을 통해 보면 아브라함이 온전한 믿음을 이루는 것이 굉장히 어렵다는 것을 보여줍니다.

라. 갈등 해소의 시작

'믿음과 불신'간의 갈등의 절정이 하나님의 약속 말씀에 대한 웃음이었다면, 갈등의 해소는 이삭이 태어날 때부터라고 볼 수 있습니다.

이삭이 태어나기 직전에는 예전에 가뭄 때문에 내려간 애굽에서 바로에게 아내이던 사래를 누이라고 속이듯이 20년이 지나서도 그랄 왕 아비멜렉에게 사라를 아내라고 소개하지 않고 누이라고 소개해서 문제를 일으킵니다. 20년 전과 달리 하나님에게서 구체적인 언약 확인을 받고 소돔의 멸망 과정을 옆에서 지켜보는 등 하나님과의 관계가 좋은 중에도 속임수를 썼고, 그 뒷처리를 하나님이 해주십니다. 본인의 반복된 잘못을 하나님께서 수습해주시는 과정을 통해 믿음이 성장하여 이후에는 하나님의 말씀에 지체하지 않고 즉각적인 순종을 하는 모습이 나타납니다.

이삭의 출생은 아브라함의 생애에 가장 큰 기쁨의 사건입니다. 무자한 아브라함에게 큰 민족의 조상이 될 것이라는 약속을 주신 하나님을 끊임없이 회의하고 불신하는 삶 가운데서 아브라함은 끝내 한 아들을 얻음으로 현실적으로 그 약속이 실현되는 감격적인 순간을 경험하게 된 것입니다. 이 갈등의 기간이 무려 25년이었는데 아브라함은 갈등과 회의 가운데서도 하나님에 대한 믿음을 저버리지 않았기에 이런 축복의 시간을 맞게 된 것이었습니다. 이 사건을 계기로 아브라함은 하나님의 약속, 아니 하나님을 온전히 믿는 확신과 기쁨을 느끼게 되었습니다. 무엇보다도, 그는 불가능을 가능케 하시는 하나님, 무에서 유를 창조하시는 하나님의 능력을 경험하게 되었습니다.

마. 갈등의 해소

하나님이 주신 비전과 현실 사이에 있는 믿음의 갈등이 완전히 해소된 것은 이삭을 바치는 사건을 통해서 나타납니다.

온 땅에 후손이 가득하게 되리라는 비전을 믿을 수 없어서 다른 사람을 후계자로 세우기도 하고, 첩을 들여 자식을 낳기도 하는 등 시행착오를 겪었습니다. 하지만 낳을 수 없는 상황에 자녀를 주신, 말씀이 이루어지는 체험을 한 후에 하나님을 온전히 신뢰하게 되었기에 이삭을 바치라는 명령에도 순종할 수 있는 경지가 갈등이 완전히 해소된 단계입니다.

아브라함은 22장 8절에서 '번제할 어린 양은 하나님이 자기를 위하여 친히 준비하시리라'는 고백으로 21장 12절에서 받은 약속 '이삭에게서 나는 자라야 네 씨라 부를 것임이라'는 말씀에 대한 신뢰를 드러냅니다.

이를 통해 믿음의 본질에 대해 가르쳐주는 이야기가 완성됩니다. 즉 믿음의 본질에 대한 이야기를 독자들에게 아브라함의 믿음이 온전하게 되는 과정을 예로 들어 주면서 저자는 우리에게 온전한 믿음에 대한 메시지를 줍니다.

바. 종결

아브라함은 하나님이 주신 비전의 실현을 가로막는 현실적인 문제들과 반대자들이 많이 있었지만, 하나님의 끊임없는 조력으로 비전을 이루시는 하나님을 온전히 신뢰하는 믿음을 성취하게 됩니다.

종결 부분에서는 아브라함과 늙은 종, 리브가, 사라, 헷 족속과 에브론, 리브가의 가족들과 아브라함의 재혼가족들이 등장합니다. 사라의 죽음으로 아브라함은 가나안에서 처음으로 소유지를 구입하게 됩니다. 약속의 혈통을 보존하기 위해 이삭의 아내를 고향에서 구하기도 하고, 재혼가족의 자손들을 약속의 자녀와 구분하여 분리하기도 합니다.

아브라함은 약속의 자녀와 육신의 자녀를 구분하여 상속하고, 약속의 자녀에게는 약속의 유산을 물려줄 가정을 구성해주고 자신은 세상을 떠납니다.

수많은 사건에서 맥을 잡기 위해 믿음과 불신의 주제를 가지고 하나님과 아브라함의 관계를 좁혀 조망해보면 전체 이야기를 꿰뚫어보는 효과가 있습니다.

저자의 핵심 메시지를 이러한 방식으로 찾고 이 맥을 통해 전체 이야기를 무자한 아브라함에게 자식을 주시겠다는 하나님과의 갈등구조로 맥을 잡아보면 긴 이야기의 조망이 가능해집니다.

보다 상세하게 공부하기 위해서는 각각의 사건들을 조금 더 세분화 해서 사건의 질문들에 적용해 보는 것입니다.

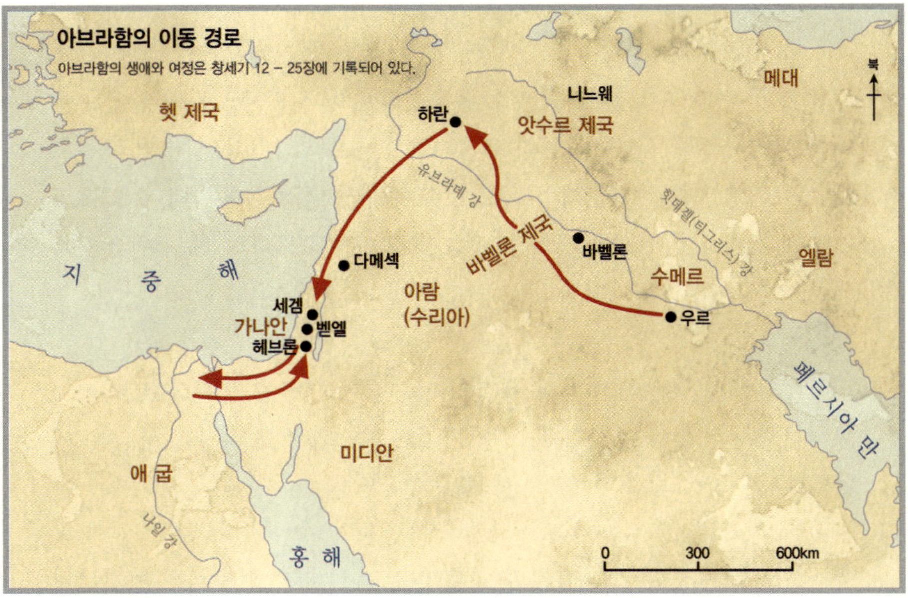

[그림 5] 아브라함 지도

① 사건 하나 : 창세기 12장–13장

1. 이 이야기에서 주된 사건은 무엇이며 부수적인 사건들은 어떤 것입니까?

주된 사건은 하나님께서 아브람에게 축복의 약속을 해 주셨고, 아브람이 여호와의 말씀을 따라 가나안 땅으로 떠나는 일입니다. 부수적인 사건은 데라 가족(데라, 아브람, 사래, 롯)이 갈대아 우르를 떠나는 일, 사래의 불임, 가나안에 도착한 아브람의 예배, 가나안의 기근, 애굽으로 피신, 아브람의 속임수, 바로의 사래 선택, 바로에 대한 하나님의 재앙, 바로의 원망, 목자들간의 다툼, 롯과 아브람의 분가와 이주하는 일이 있었습니다.

2. 주된 사건에 관계된 인물들은 누구이며 그들 상호간의 관계는 어떠합니까?

주된 사건에 관계된 인물들은 하나님과 아브람, 사래, 롯입니다. 하나님이 약속을 주셨고, 아브람과 사래, 롯은 그 약속을 신뢰하고 따라갑니다.

3. 이 사건은 어떤 원인으로 발생했으며 그 주된 갈등상황은 무엇이며 어떻게 진행됩니까?

주된 사건은 하나님의 명령과 약속으로 시작됩니다. 갈등은 가나안으로 이주를 결정하는 순간부터 가나안에서 보내는 날마다 갈등이 있습니다. 더 자세하게 살펴보면 첫 번째는 고향을 떠날 것인가 vs 머무를 것인가의 심리적 갈등입니다. 즉 목적지가 막연한데 하나님의 약속을 신뢰하고 떠나야 할 것인가 갈등이 있습니다. 두 번째는 기근 vs 아브람간의 자연과의 갈등이기도 하고, 약속의 땅을 다시 떠나야 하는가의 갈등입니다. 세 번째는 바로 vs 아브람간의 갈등인데 바로의 입장에서는 왜 솔직하게 말하지 않고 속였는가 vs 아브라함 입장에서는 세력에 대한 두려움이 있었습니다. 마지막으로 소유가 많아져서 갈등과 다툼이 생기게 된 아브람의 목자들 vs 롯의 목자들간의 갈등입니다.

4. 이 사건에서 갈등의 절정은 언제이며 그것은 어떻게 해소되어 갑니까?

고향을 떠나는 것에 대한 갈등은 하나님을 신뢰하고 순종함으로 해소됩니다. 바로와 아브람의 갈등은 하나님이 개입하심으로 해소되었고, 목자들 사이의 갈등은 아브람이 양보함으로써 해소되었습니다.

② 사건 둘 : 창세기 14장-15장

1. 이 이야기에서 주된 사건은 무엇이며 부수적인 사건들은 어떤 것입니까?

주된 사건은 아브람의 몸에서 상속자가 나올 것이라고 하나님께서 약속하시는 일이 이야기의 주된 사건입니다. 아브람의 두려움을 하나님이 위로하시고, 후사에 대한 이야기를 주고 받습니다. 하나님께서는 아브람에게 약속을 주시고, 별과 제물로 확증하시고, 미래에 대해서도 말씀하십니다. 부수적인 사건은 가나안 왕들의 전쟁으로 롯이 포로로 잡히고, 아브람이 그를 구출하는 일, 살렘 왕 멜기세덱이 승전한 아브람을 축복하고 대접하는 일과 전리품의 십분의 일을 멜기세덱에게 주는 일, 소돔 왕의 전리품 배분을 거절하는 일이 있었습니다.

2. 주된 사건에 관계된 인물들은 누구이며 그들 상호간의 관계는 어떠합니까?

아브람과 하나님이 주된 사건의 인물들입니다. 하나님은 아브람을 한 걸음씩 인도하고 계시고 점점 더 가까운 관계가 되고 있습니다. 아브람은 하나님의 인도에 따라 믿음이 한 단계씩 자라는 모습입니다.

3. 이 사건은 어떤 원인으로 발생했으며 그 주된 갈등상황은 무엇이며 어떻게 진행됩니까?

이 사건은 아브람에게 아직 자녀가 없기 때문에 발생하였습니다. 이 사건의 주된 갈등은 아브람이 하나님의 약속에 대해서 약속의 구체적인 성취가 어떻게 될 것인지 알 수 없는 마음과 어떻게 하는 것이 약속을 믿는 행동인가 하는 갈등이 있습니다. 부수적인 사건에 관련된 갈등으로는 4개국 왕과 5개국 왕과의 갈등으로 전쟁이 일어났고, 소돔왕과 아브람의 배분과 명분 사이에서의 갈등이 있었습니다.

4. 이 사건에서 갈등의 절정은 언제이며 그것은 어떻게 해소되어 갑니까?

전쟁이 끝나고 돌아온 아브람이 두려움에 빠졌을 때가 갈등의 절정이었고, 그 때 하나님이 나타나셔서 별들을 보여주시고, 쪼갠 고기 사이를 지나가는 횃불을 보여 주심으로써 약속에 대한 확증을 주셔서 약속의 성취에 대한 아브람의 갈등이 해소되었습니다.

③ 사건 셋 : 창세기 16장-17장

1. 이 이야기에서 주된 사건은 무엇이며 부수적인 사건들은 어떤 것입니까?

주된 사건은 사래의 추천으로 아브람과 관계를 맺은 하갈의 임신입니다. 부수적인 사건으로는 하갈이 교만하여 사래가 하갈을 학대한 일, 하갈이 도망하였을 때 하나님이 천사를 통해 교통정리를 해 주신 일, 다시 언약을 주시고 언약의 표징으로 할례를 받은 일들이 있습니다.

2. 주된 사건에 관계된 인물들은 누구이며 그들 상호간의 관계는 어떠합니까?

아브람과 사래와 하갈, 하나님이 주된 사건에 관련되어 있습니다. 하나님이 약속하신 자녀를 얻고자 아브람과 사래, 하갈은 연합하게 되었는데 사래와 하갈이 갈등을 일으키자 아브람은 아무 개입도 하지 않고 갈등을 회피하는 태도를 취합니다. 하나님은 갈등 상황에 직접 개입하셔서 사래와 하갈의 갈등을 봉합하시고, 더 구체적인 언약을 다시 주심으로 이런 갈등이 또 생기지 않도록 확실하게 마무리하십니다.

3. 이 사건은 어떤 원인으로 발생했으며 그 주된 갈등상황은 무엇이며 어떻게 진행됩니까?

사래가 임신 하지 못했기 때문에 하갈을 추천함으로써 갈등이 시작됩니다. 사래는 자신이 임신하지 못하는 것에 대한 원망을 하나님과 남편인 아브람에게 하고 있습니다. 결국에는 인간적인 방법으로 아브람의 자손을 잇는 문제를 해결하려고 하였습니다. 그러나 하갈의 임신으로 그 문제가 해결되는 듯 보였지만 오히려 하갈이 임신을 해서 사래를 멸시하자 갈등이 고조됩니다.

4. 이 사건에서 갈등의 절정은 언제이며 그것은 어떻게 해소되어 갑니까?

하갈이 사래의 학대를 견디지 못해 아브람의 집에서 도망할 때가 갈등의 절정입니다. 하나님이 하갈에게 나타나서 자녀의 미래에 대해 일러주시며 사래에게 순종하기를 명령하심으로 갈등은 해소됩니다.

5. 이 사건이 이야기의 다른 사건들에 어떤 영향을 미칩니까?

하나님께선 아브람에게 다시 언약을 주실 때, 그 이름 뿐 아니라 사래의 이름을 바꾸어 주시고 약속의 자손에 대해 구체적인 내용을 언급하셨습니다.

④ 사건 넷 : 창세기 18장-19장

1. 이 이야기에서 주된 사건은 무엇이며 부수적인 사건들은 어떤 것입니까?

이야기의 주된 사건은 소돔과 고모라를 심판하러 가던 천사들이 아브라함을 방문한 일입니다. 부수적인 사건은 아들의 탄생을 예고하는 것과 롯과 두 딸의 후일담입니다.

2. 주된 사건에 관계된 인물들은 누구이며 그들 상호간의 관계는 어떠합니까?

세 손님과 아브라함, 롯이 주된 사건에 관계된 인물입니다. 세 손님과 아브라함은 서로 우호적이고 신뢰하는 관계입니다. 아브라함은 롯을 구하고자 애씁니다. 롯은 손님을 잘 대접하고 따르고자 하지만, 전적으로 순종하지는 못했습니다.

3. 이 사건은 어떤 원인으로 발생했으며 그 주된 갈등상황은 무엇이며 어떻게 진행됩니까?

소돔과 고모라의 악행이 극에 달해서 하나님이 심판하시게 되었습니다. 주된 갈등상황은 소돔과 고모라를 과연 멸망시켜야 하느냐에 관한 것입니다. 아브라함의 중보에 의해 하나님은 의인이 다섯만 있어도 소돔과 고모라를 멸망시키지 않으려고 하셨지만, 소돔과 고모라에는 롯 말고는 의로운 사람이 아무도 없어서 천사들과 롯이 위험한 상황에 처하게 됩니다.

4. 이 사건에서 갈등의 절정은 언제이며 그것은 어떻게 해소되어 갑니까?

아브라함이 심판에서 의인을 구하고자 거듭 요청할 때 갈등과 긴장이 커지지만 하나님께서 아브라함의 요구를 수용하심으로 갈등이 해소됩니다. 소돔과 고모라 백성이 롯과 천사들에게 가서 천사들을 자신들에게 달라고 요구할 때가 갈등의 절정이며 천사들이 소돔과 고모라를 심판하면서 롯과 그 가족을 대피시키면서 갈등은 해소되어 갑니다.

5. 이 사건이 이야기의 다른 사건들에 어떤 영향을 미칩니까?

롯과 두 딸이 두려움에 빠져 산에서 생활하게 되었고, 정상적인 삶을 살아가는 것이 불가능하다고 판단하고 아버지를 통해 자녀를 갖는 일이 일어납니다.

⑤ 사건 다섯 : 창세기 20장-21장

1. 이 이야기에서 주된 사건은 무엇이며 부수적인 사건들은 어떤 것입니까?

주된 사건은 약속의 자녀인 이삭의 출생입니다. 부수적인 사건은 아브라함이 아비멜렉에게 사라를 누이로 속이는 일과 하갈과 이스마엘의 분가, 우물에 대해 계약을 맺는 일과 이삭을 바치라는 하나님의 시험이 있습니다.

2. 주된 사건에 관계된 인물들은 누구이며 그들 상호간의 관계는 어떠합니까?

주된 사건에 관계된 인물들은 아브라함과 사라, 하나님이십니다. 20장에서 보듯이 아브라함은 여전히 실수하는 사람이지만, 하나님께서는 약속을 지켜 자녀 이삭을 주셨습니다.

3. 이 사건은 어떤 원인으로 발생했으며 그 주된 갈등상황은 무엇이며 어떻게 진행됩니까?

이삭의 출생은 하나님의 약속으로 된 일입니다. 주된 갈등상황은 세월이 흘러 점점 나이가 많아지면서 임신이 불가능해지는 문제였습니다.

4. 이 사건에서 갈등의 절정은 언제이며 그것은 어떻게 해소되어 갑니까?

나이가 많기 때문에 자연 임신과 출산이 불가능한 상태가 된 것이 갈등의 절정이었는데, 하나님의 주권적인 능력으로 자연적인 불가능을 극복하여 갈등이 해소됩니다.

5. 이 사건이 이야기의 다른 사건들에 어떤 영향을 미칩니까?

이삭이 출생하기 전에는 여전히 아비멜렉에게 사라를 아내가 아니라 누이로 속이는 몇 십년 전과 다름없는 모습이었으나, 이삭이 출생한 후로는 약속의 자녀와 다른 자녀를 구별하여 하갈과 이스마엘을 분가시킵니다. 약속의 자녀가 태어난 것처럼 약속의 땅에서 조금씩 터전을 잡아 우물도 확보하게 됩니다. 하나님께서 약속의 자녀를 제물로 바치라고 요구하셨을 때도 순종할 수 있는 믿음으로 성장합니다.

⑥ 사건 여섯 : 창세기 22장–24장

1. 이 이야기에서 주된 사건은 무엇이며 부수적인 사건들은 어떤 것입니까?

주된 사건은 아브라함의 토지 구입입니다. 부수적인 사건은 땅 매매와 이삭의 결혼, 아브라함의 재혼과 자녀들의 출생입니다.

2. 주된 사건에 관계된 인물들은 누구이며 그들 상호간의 관계는 어떠합니까?

주된 사건에 관계된 인물은 아브라함과 사라, 헷 족속입니다. 사라가 죽음으로 아브라함에게는 명분이 생겨, 헷 족속과 토지 매매를 진행할 수 있었고, 헷 족속은 그 매매를 거부할 명분이 없어 거액을 제안하는 식으로 매매를 피하려고 하지만, 아브라함이 기꺼이 거액을 부담하고 토지를 사게 됩니다. 사라와 아브라함은 우호 관계, 헷 족속과 아브라함은 대립 관계입니다.

3. 이 사건은 어떤 원인으로 발생했으며 그 주된 갈등상황은 무엇이며 어떻게 진행됩니까?

토지를 구입하는 일은 사라의 죽음을 원인으로 발생했습니다. 원래 살고 있던 헷 족속은 타지에서 온 아브라함에게 토지 팔기를 원하지 않았기 때문에 갈등이 발생합니다.

4. 이 사건에서 갈등의 절정은 언제이며 그것은 어떻게 해소되어 갑니까?

토지 거래 금액으로 고액을 제시함으로써 갈등이 절정에 달합니다. 아브라함이 가격을 흥정하지 않고 값을 치루며 거래를 마무리함으로써 갈등은 해소됩니다.

5. 이 사건이 이야기의 다른 사건들에 어떤 영향을 미칩니까?

사라의 죽음으로 이삭이 슬픔에 잠겼고, 이삭의 결혼이 서둘러 진행되었습니다.

3) 배경과 구상 중심으로 사도행전 이야기 읽어보기

사도행전은 28장에 이르는 방대한 책입니다. 28장이라는 방대한 내용을 7주 정도 기간에 끝내고자 하면 28장 전체를 자세하게 공부하는 것은 매우 어렵습니다. 우리는 요나서를 공부할 때에는 초점을 인물에 맞추었습니다. 인물을 파악할 때에는 우스펜스키의 이론에 의거하여 말, 행동,

생각, 느낌을 조사하되 영적인 측면을 덧붙여서 이해했습니다. 아브라함 이야기를 읽을 때에는 주된 사건에 초점을 맞추었습니다. 사건의 인과관계는 갈등으로 이루어지는데 아브라함에게는 약속과 현실 사이의 갈등이 두드러졌고, 아브라함 이야기는 그 갈등을 극복해가는 과정이었습니다. 그러면 사도행전은 어디에 초점을 맞추어야 할까요? 사도행전은 배경과 구상에 초점을 맞추어서 공부하면 좋은 이야기 입니다.

28장을 짧은 기간에 알아보려면 '맥'이 있어야 합니다. 그러면 그 맥을 어떻게 잡을까요? 긴 이야기의 맥을 잡는데는 그레마스 도식이 유용합니다. 사도행전 이야기를 그레마스 도식에 적용시키면 다음과 같습니다.

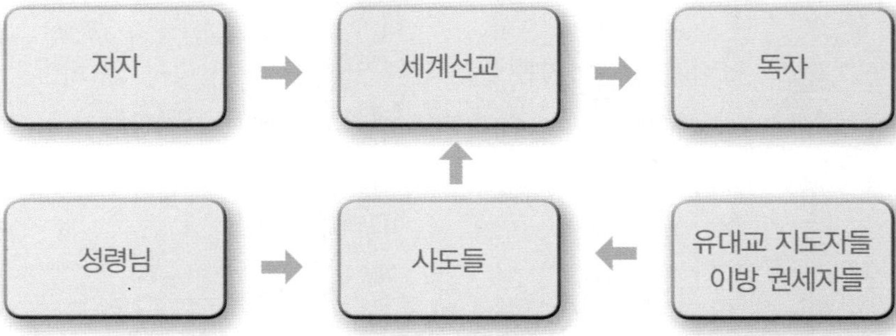

[표 6] 그레마스 도식에 대입한 사도행전 이야기

사도행전의 전체 흐름을 세계선교로 잡을 때 전체의 주제가 되는 성경구절은 사도행전 1장8절입니다.

> 오직 성령이 너희에게 임하시면 너희가 권능을 받고 예루살렘과 온 유대와 사마리아와 땅 끝까지 이르러 내 증인이 되리라 하시니라(행1:8)

① 사도행전의 공간적 이동을 중심으로

사도행전은 배경과 구상에 초점을 맞추면 좋다고 앞에서 말씀드렸습니다. 배경에는 시간적 배경, 공간적 배경, 사회적 배경이 있습니다. 사도행전 1장 8절에는 특히 공간적 배경이 잘 나타나 있습니다. 누가복음의 갈릴리에서 시작된 복음이 예루살렘으로 옮겨져 바울의 1 · 2 · 3차 선교여행과 로마여행을 통해 로마에 이르는 변화가 잘 그려져 있습니다.

> 예루살렘 → 사마리아 → 시리아 → 소아시아 → 마케도니아와 아가야→ 로마

그리고 사도행전의 이야기는 끝이 열려 있는 이야기입니다. 그 이야기는 오늘날까지 계속되고 있습니다. 사도행전의 목표는 오늘날까지 이어지고 있습니다.

> 프랑스 → 스페인 → 영국 → 미국 → 일본 → 한국 → 중국 → 예루살렘

배경을 중심으로 사도행전의 전체 이야기를 분류하면 다음과 같습니다.

<table>
<tr><td>1</td><td>2</td><td>3</td><td>4</td><td>5</td><td>6</td><td>7</td><td>8</td><td>9</td><td>10</td><td>11</td><td>12</td><td>13</td><td>14</td><td>15</td><td>16</td><td>17</td><td>18</td><td>19</td><td>20</td><td>21</td><td>22</td><td>23</td><td>24</td><td>25</td><td>26</td><td>27</td><td>28</td></tr>
<tr><td colspan="7">유대 선교</td><td colspan="5">사마리아 선교</td><td colspan="3">1차선교
여행과
예루살렘
총회</td><td colspan="5">2~3차
선교 여행</td><td colspan="8">로마</td></tr>
</table>

누가는 사도행전을 쓰기 전에 누가복음을 썼습니다. 누가복음과 사도행전은 상하권의 관계입니다. 누가는 계속 복음이 이동한다는 사실에 관심을 가졌습니다. 누가복음의 주된 이동경로는 갈릴리 → 예루살렘입니다. 사도행전은 예루살렘 → 로마까지 복음의 이동을 다룹니다.

② 사도행전의 문화적 이동을 중심으로

사도행전의 관점은 세계선교입니다. 땅끝까지 복음이 전파되는 것입니다. 위에서 본 것처럼 여기에는 공간적 이동이 두드러집니다. 사도행전에서 복음은 공간적 장벽을 뛰어넘어 이동합니다. 그러나 복음은 공간적 장벽을 넘는 것 못지않게 사회적 장벽을 뛰어넘습니다. "예루살렘과 온 유대와"라고 할 때 우리는 유대교를 잘 알아야 할 필요가 있습니다. 예수 시대의 유대를 이해하려고 할 때 J. 예레미아스의 『예수시대의 예루살렘』과 B. 뢰젠의 『예수시대의 갈릴래아』라는 책들이 도움이 됩니다. 그런데 복음은 예루살렘과 온 유대를 넘어서 사마리아까지 이릅니다. 사마리아는 유대교와는 매우 상이한 종교와 문화를 가지고 있었습니다. 유대교는 예루살렘에 성전을 가지고 있었지만 사마리아인들은 그리심 산에 성전을 가지고 있었습니다. 그리고 사마리아인들은 자신들만의 사마리아 오경을 성경으로 가지고 있었습니다. 복음은 사마리아를 넘어 시리아와 로마의 지역에 전파되었습니다. 이 지역을 알려면 그레꼬-로만 문화를 알아야 합니다. 그레꼬-로만 문화를 알아야 하는 이유는 사도행전의 시대가 로마 제국 시대였기 때문입니다. 당시에는 예루살렘에도 그레꼬-로만 문화가 퍼져 있었습니다. 로마 제국 시대였지만 문화 · 철학 · 종교 · 학문은 그리스 문화가 아직 더 강했습니다. 로마 사람들은 2세기나 3세기까지 그리스어를 배웠습니다. 로마인들 중 귀족층은 헬라어를 모르면 무식하다고 생각했었습니다. 이는 신약성경이 로마제국 시대에 기록되었음에도 불구하고 헬라어로 기록되었다는 것만 보아도 알 수 있습니다. 그래서 당시 이방 문화를 이해하려면 그레꼬-로만 문화를 이해해야 합니다. 그리스 문화의 3대 요소(극장, 체육, 목욕탕)는 전 지중해에 퍼져 있었고 심지어 예루살렘 깊숙한 곳까지 퍼졌습니다. 그리스식 연극(희극과 비극), 체육(스포츠, 스타디움), 목욕탕, 신전 등을 생각해보면 오늘날 우리도 그리스식으로 살고 있지 않나 생각이 됩니다. 2000년전 그리스인의 삶과 오늘날 우리의 삶이 크게 다르지 않습니다. 이런 그리스 문화를 로마가 이어받았습니다. 이런 문화적 열풍은 예루살렘에까지 퍼져서 『예수 시대의 예루살렘』이라는 책을 보면 제사장들이 가급적이면 빨리 제사를 드리고 레슬링을 하러 갔다는 기록이 있을 정도입니다. 그래서 우리는 이 시대를 이해하려면 그레꼬-로만 사회를 이해해야 합니다.

③ 사도행전의 메시지를 중심으로

사도행전에는 세 가지 메시지가 있습니다. 첫째, 누가-행전은 성령님에 대해서 굉장히 관심이 많습니다. 이는 평행하는 두 성경 구절을 비교해 보면 명확합니다.

> 너희가 악한 자라도 좋은 것으로 자식에게 줄 줄 알거든 하물며 하늘에 계신 너희 아버지께서 구하는 자에게 좋은 것으로 주시지 않겠느냐(마7:11)

> 너희가 악할지라도 좋은 것을 자식에게 줄 줄 알거든 하물며 너희 하늘 아버지께서 구하는 자에게 성령을 주시지 않겠느냐 하시니라(눅11:13)

마태복음의 좋은 것이 누가복음에는 성령으로 바뀝니다. 그만큼 성령을 강조한다는 것입니다.

둘째, 누가-행전은 복음이 유대인에게서 시작했지만 이방인에게 간다는 것을 강조합니다. 이것은 중요한 주제입니다. 그런데 복음이 유대인에게서 이방인에게로 어떻게 전파되어 나갔습니까? 바로 설교와 선포(kerygma)를 통해서입니다. 누가-행전을 살펴보면 성령이 임하시면 반드시 그 뒤에 메시지가 선포됩니다. 누가복음에는 설교가 많습니다. 성령이 임하시면 반드시 메시지가 함께 뒤따르는 것이죠. 어떤 교단은 은사를 강조합니다. 그 중에서도 방언을 강조합니다. 그런데 오순절 성령강림절의 방언은 바울 서신에서 나타나는 방언과는 다릅니다. 오순절의 방언은 외국어였고, 그 내용은 메시지 전파였습니다. 성령님이 임하시면 메시지가 등장합니다. 그렇기 때문에 사도행전에는 베드로, 스데반, 바울의 설교가 실려 있습니다.

셋째, 사도행전의 핵심 메시지는 유대인과 이방인 사이의 하나됨입니다. 사실상 유대인과 이방인은 배경이 너무 다릅니다. 이 두 부류가 한 교회에 있다는 것만으로도 문제가 일어났습니다. 사도 바울의 편지들은 그러한 갈등의 상황 가운데서 전해진 편지였습니다. 사도행전은 교회가 그런 상황에서도 하나되기 위해서 힘을 썼다는 것을 보여줍니다. 사도행전을 보면 여행이 많이 기록되어 있지만 예루살렘 중심성이 강합니다. 예루살렘이 모교회라는 것을 늘 인정합니다. 사마리아에서 빌립이 전도를 해도 예루살렘 교회를 대표하는 베드로가 안수를 했고, 고넬료의 집에도 베드로가 갔습니다. 기독교의 통일성은 예루살렘에 있었던 것입니다. 사도 바울도 모금을 하면서 예루살렘이 영적인 고향이고 구원의 중심임을 강조했습니다. 예루살렘을 중심으로 한 교회의 통일성을 강조했습니다.

이 세 가지 메시지를 중심으로 해서 사도행전을 보면 세 가지의 중심 사건이 있음을 알게 됩니다. ① 성령 강림 사건 ② 고넬료 사건 ③ 바울의 선교. 사도행전 2장의 성령강림은 유대인의 성령강림 사건이고 10장의 고넬료 집의 성령강림은 이방인들의 성령강림 사건이었습니다. 2장은 교회의 태동을, 10장은 복음이 이방인에게로 넘어가는 사건을 말합니다. 베드로, 야고보, 요한을 중심으로 한 팔레스타인 유대인들이 주축이었다가 스데반, 빌립, 바울을 중심으로 한 디아스포라 유대인으로 복음이 넘어가는 과정을 보여줍니다. 하지만 중요한 것은 베드로가 아니라 복음입니다. 중요한 것은 인물이 아니라 성령의 계속적인 사역입니다.

사도행전 2장에 나타난 성령강림 사건은 사도행전의 중심 사건 중 하나입니다. 사도행전의 전체 주제는 사도행전 1장 8절 말씀입니다.

> 오직 성령이 너희에게 임하시면 너희가 권능을 받고 예루살렘과 온 유대와 사마리아와 땅 끝까지 이르러 내 증인이 되리라 하시니라(행1:8)

성령 강림의 사건이 없었다면 "권능"을 받지 못했을 것이고, 또 세계 선교의 사명을 감당하며 증인의 일을 하지 못했을 것입니다. 성령 강림 사건은 사도행전 전체 이야기에서 중심적인 역할을 합니다. 이 사건 이후부터 성령님께서 역사하셔서 사도행전 이야기 전체를 이끌어 가십니다.

그러므로 사도행전 전체 이야기는 2장에 나오는 성령강림 사건을 알지 못하면 결코 이해할 수 없습니다. 예수님을 배반했던 제자들이 왜 그토록 능력있는 사도들이 되었는지 이해할 수 없습니다. 성령강림 사건 이후에 베드로는 못 걷게 된 이를 일으킵니다. 한 번 설교하면 삼천 명 혹은 오천 명을 회개케 하는 능력이 발휘됩니다. 제사장들과 유대 지도자들 앞에서 담대하게 증거합니다. 고난 앞에서도 강인한 면모를 보입니다. 이 모든 능력은 성령께서 임하셨기 때문에 가능한 것이었습니다.

그런데 사도행전 2장의 성령강림 사건은 예루살렘에서 그리고 유대인들을 중심으로 일어난 사건이었습니다. 하지만 사도행전 10장에 이르면 이방인들에게도 성령이 임하시는 이야기가 나옵니다. 그래서 사도행전 10장은 가히 이방인들의 오순절 사건이라 부를 만 합니다. 성경은 그 사건을 이렇게 묘사합니다.

> 베드로가 이 말을 할 때에 성령이 말씀 듣는 모든 사람에게 내려오시니 베드로와 함께 온 할례받은 신자들이 이방인들에게도 성령 부어주심으로 말미암아 놀라니 이는 방언을 말하며 하나님 높임을 들음이러라 이에 베드로가 이르되 이 사람들이 우리와 같이 성령을 받았으니 누가 능히 물로 세례 베풂을 금하리요 하고 명하여 예수 그리스도의 이름으로 세례를 베풀라 하니라 그들이 베드로에게 며칠 더 머물기를 청하니라(행10:44-48)

이방인의 성령강림 사건은 유대인의 성령강림 사건과 비슷하게 갑작스러운 사건으로 일어났습니다. 이는 유대인 신자들에게는 충격적인 사건이었습니다. 성령의 역사가 바야흐로 예루살렘 뿐 아니라 사마리아를 넘어 이방인에게도 전해지고 있는 광경인 것입니다. 고넬료의 집에서 발생한 이방인의 성령강림 사건의 특징은 유대인의 성령 강림과 비슷한 양상을 띄었습니다. 유대인의 성령강림 때 다른 언어로 말하는 역사가 일어났던 것처럼(행2:4,8) 이방인의 성령강림에서도 방언을 말하는 역사가 일어났던 것입니다(행10:46). 베드로는 이방인의 성령 강림에 대해서 다음과 같이 해석합니다.

> 이 사람들이 우리와 같이 성령을 받았으니(행10:47)

즉 이방인의 성령강림은 유대인의 성령강림과 유사하다는 것입니다.

이방인의 성령강림 사건이 중요한 이유는 이 성령강림으로 말미암아 이방인에 대한 편견이 깨어지기 시작했다는 것입니다. 고넬료 집의 성령 강림 사건을 들은 유대 교회의 할례자들은 베드로를 비난했습니다. 그러나 베드로는 자초지종을 말하고 다음과 같이 항변합니다.

> 내가 말을 시작할 때에 성령이 그들에게 임하시기를 처음 우리에게 하신 것과 같이 하는지라 내가 주의 말씀에 요한은 물로 세례를 베풀었으나 너희는 성령으로 세례를 받으리라 하신 것이 생각났노라 그런즉 하나님이 우리가 주 예수 그리스도를 믿을 때에 주신 것과 같은 선물을 그들에게도 주셨으니 내가 누구이기에 하나님을 능히 막겠느냐 하더라(행11:15-17)

이 말을 들은 사람들은 베드로의 주장을 인정했습니다.

그러면 하나님께서 이방인에게도 생명 얻는 회개를 주셨도다 하니라(행11:18)

결국 이방인에게 예수 그리스도의 복음이 전파되도록 편견을 깨트리시고 문을 열었던 분은 바로 성령님이었던 것입니다. 오늘날 우리는 이방인들에게 복음이 전파되는 것을 당연하게 여기기 때문에 유대인들이 편견을 깨트리기가 얼마나 힘들었는지를 잘 느끼지 못할 수도 있습니다. 그러나 이방인의 성령강림 사건이 없었다면 편견의 벽에 막혀 복음의 전진은 어려웠을 것입니다. 이런 면에서 이방인의 성령강림 사건은 유대인의 성령 강림사건을 뒤이은 지극히 중요한 중심 사건입니다.

④ 바울의 1,2,3차 선교여행과 로마 이송을 중심으로

사도행전 1~12장까지의 지리는 별로 어렵지 않지만 13장 이후부터의 이야기를 이해하려면 공간적 배경에 대해서 알 필요가 있습니다. 지도를 펼쳐놓고 바울의 3차에 걸친 선교 여행의 경로를 따라가면 사도행전의 이야기가 더 잘 이해될 것입니다. 1차 선교여행의 경로를 알아 봅시다. 1차 선교 여행은 주로 오늘날 터키의 남부 지방을 중심으로 이루어집니다.

[그림 6] 바울의 1차 선교 여행

수리아 안디옥 → 실루기아 → 살라미(구브로 섬) → 바보(구브로 섬) → 버가 → 비시디아 안디옥 → 이고니온 → 루스드라 → 더베 → (귀환길) 루스드라 → 이고니온 → 비시디아 안디옥 → 버가 → 앗달리아 → 실루기아 → 수리아 안디옥

실루기아는 항구였습니다. 수리아 안디옥에서 실루기아로 가서 거기에서 배를 타고 구브로에 갔습니다. 구브로는 제주도의 5배나 되는 큰 섬이었습니다. 특히 구브로의 수도인 바보에서 바울은 그곳의 마술사 바예수와 대결하고 서기오 바울을 회심시킵니다. 이후 밤빌리아에 있는 버가로 가는데 버가에서 마가 요한은 예루살렘으로 되돌아 가고 맙니다(행13:13). 바울 일행은 비시디아 지방의 안디옥에 가서 선교를 합니다. 안디옥이란 도시는 안티오쿠스를 기념하여 세운 도시를 말합니다. 알렉산더 대왕이 죽고 난 후 수리아의 통치자였던 안티오쿠스의 이름을 따서 지은 도시는 여러 곳이 있었는데 그 중 수리아의 안디옥과 비시디아의 안디옥이 성경에 기록되어 있습니다. 상당히 큰 도시였을 것이라고 추측되며 바울과 바나바는 이곳 회당에서 성공적으로 사역했지만 유대인들의 반대로 다른 도시로 갑니다. 그곳이 바로 이고니온입니다. 이고니온은 유명한 상업도시였습니다. 비시디아 안디옥과 비슷한 일이 있은 후 바울과 바나바는 루스드라로 갑니다. 거기서 바울은 태어나면서 앉은뱅이 된 사람을 고칩니다. 바울은 더베로 이동하고, 더베가 1차 선교 여행의 종착지였습니다.

1차 선교 여행 후 예루살렘 사도회의가 이루어집니다. 예루살렘 교회와 이방 교회간의 갈등은 이방 교회로 하여금 율법의 멍에를 풀어주고, 대신에 교회 통합을 위해서 우상의 제물과 피와 목매어 죽인 것과 음행을 멀리하는 것을 지키는 율법의 준수로 귀결됩니다. 그 후 바울과 바나바는 2차 선교 여행을 떠납니다. 바울의 선교는 그 출발점이 모교회인 안디옥이지만 예루살렘을 들려서 예루살렘 교회에 보고하고 그 선교를 마치고자 했습니다.

[그림 7] 바울의 2차 선교여행

수리아 안디옥 → 더베 → 루스드라 → 이고니온 → 비시디아 안디옥 → 드로아 → 네압볼리 → 빌립보 → 암비볼리 → 데살로니가 → 베뢰아 → 아덴 → 고린도 → 겐그레아 → 에베소 → 가이사랴 → 예루살렘 → 안디옥

2차 선교 여행은 바울이 바나바에게 제안해서 시작됩니다. 그런데 마가 요한 때문에 바울과 바나바 사이에 논쟁이 일어나고 피차 심히 다투게 되어 바울은 실라와 더불어 2차 선교 여행길에 오르고 바나바는 마가를 데리고 구브로로 갑니다. 바울은 전에 선교했었던 더베와 루스드라에 이르는데 루스드라에서 디모데를 만납니다. 바울 선교 일행은 부르기아와 갈라디아 땅으로 다녀갔고 무시아 앞에서 비두니아로 가고자 했으나, 성령께서 허락하시지 않아 드로아에서 마게도냐 사람의 환상을 보면서 선교지는 서쪽으로 건너가게 됩니다. 바울 일행은 네압볼리를 거쳐 빌립보에 이릅니다. 여기에서 바울 일행은 루디아를 만나고 감옥에 갇히는 일을 계기로 간수의 집에 복음을 전합니다. 이후 암비볼리를 거쳐 데살로니가에서 사역을 합니다. 바울 일행은 여기에서 천하를 어지럽게 하는 사람들로 간주됩니다. 바울과 형제들은 밤에 베뢰아로 가야 했습니다. 베뢰아 여행 다음에 바울 일행이 간 곳은 아덴이었습니다. 여기에서 바울은 철학자들을 포함한 아덴 사람들과 논쟁을 하면서 복음을 전합니다. 아레오바고 광장에서의 설교가 유명합니다. 그 후 바울 일행은 고린도로 가는데, 그곳에서 브리스길라와 아굴라를 만납니다. 바울은 고린도에서 겐그레아로 가서 머리를 깎고 에베소를 거쳐 가이사랴로 갔다가 예루살렘을 거쳐서 안디옥으로 되돌아 갑니다.

2차 선교 여행을 마친 바울은 얼마 안되어 곧바로 3차 선교 여행을 시작합니다.

[그림 8] 바울의 3차 선교 여행

안디옥 → 에베소 → 드로아 → 앗소 → 미둘레네 → 기오 → 사모 → 밀레도 → 고스 → 로도 → 바다라 → 두로 → 돌레마이 → 가이사랴 → 예루살렘

3차 선교 여행시 바울은 안디옥에서 곧장 에베소로 갑니다. 그곳에서 2년 반 동안 머물면서 복음을 전했습니다. 하지만 아데미 신전 소동이 일어나자 바울은 그곳을 떠나 헬라로 가고 싶었지만 유대인들이 폭행을 하려는 염려가 있어 마게도냐를 거쳐 되돌아 가려고 마음 먹습니다. 빌립보를 거쳐 드로아로 갑니다. 드로아에서 졸다 삼층에서 떨어졌던 유두고를 살립니다. 드로아에서 앗소로, 앗소에서 미둘레네로, 미둘레네에서 기오와 사모를 거쳐 밀레도에 이릅니다. 바울은 사람을 보내 에베소 교회의 장로들로 하여금 밀레도로 오게 청하여 그들에게 고별사를 전합니다. 그 후 고스, 로도, 바다라를 거쳐 두로에 상륙합니다. 두로, 돌레마이를 거쳐 가이사랴에 이르는데 여기에서 사람들이 예루살렘에 가지 말라고 만류합니다. 그러나 바울은 죽음을 각오하고 예루살렘으로 갑니다. 바울은 예루살렘에서 체포되어 로마로 이동하는데, 그것이 바로 사도행전에서 나오는 바울의 마지막 여행길입니다.

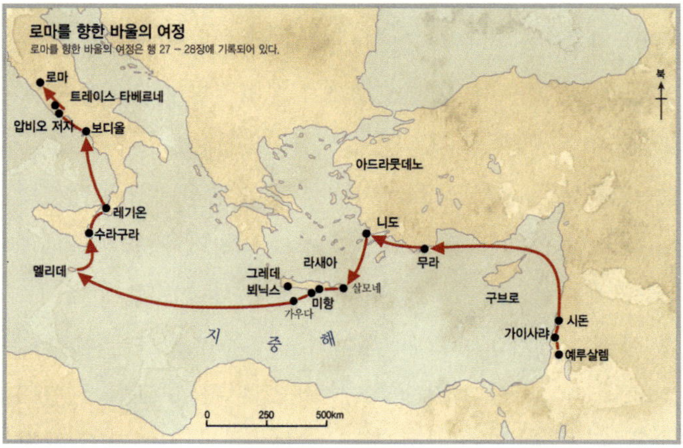

[그림 9] 바울의 3차 선교 여행

예루살렘 → 안디바드리 → 가이사랴 → 시돈 → 무라(배를 갈아 탐) → 니도 → 라새아 → 멜리데(몰타) → 수라구사 → 레기움 → 보디올 → 아피온 광장 → 트레스 마을 → 로마

바울은 예루살렘에서 성전에 들어갔다가 무리의 오해를 받아 체포됩니다. 그곳에서 자신의 회심 이야기를 간증하였는데, 간증 가운데 부활 이야기가 연루되어 바리새인과 사두개인 사이의 큰 분쟁이 생깁니다. 바울을 죽이기 전에는 먹지도 마시지도 않겠다고 결의한 사람들 때문에 바울은 군대의 호송을 받아 안디바드리에 이릅니다. 그 후 기병이 호송하여 가이사랴로 갑니다. 그곳에서 심문을 받을 때 황제의 판결을 받도록 호소 했기 때문에 로마로 압송됩니다. 시돈에서 배를 타서 길리기아와 밤빌리아 바다를 건넜고, 루기아의 무라 시에 이릅니다. 그곳에서 배를 갈아 타고 니

도와 나새아를 경유했지만 풍랑을 만나 배가 깨어졌습니다. 그곳에서 간신히 구조되어 육지에 오릅니다. 구조된 이후에 알아보니 그들이 도착한 곳은 멜리데라는 섬이었습니다. 이어 몇 군데를 거쳐 로마로 갑니다.

사도행전을 보다 상세하게 공부하기 위해서는 위에서 구분한 네단락을 단락별로 배경과 구상의 질문들을 적용해 보면 됩니다.

6장
어린이를 위한
성경 서사 읽기

1) 도입

유초등부를 대상으로 한 주일학교 교육에서 설교와 성경공부에서 성경이 항상 이야기 형식으로 주어지기 때문에 어린이들은 성경을 처음 접할 때부터 이야기 형식으로 접하고 있습니다. 그래서 이야기 형식으로 성경 본문을 이해하는 일이 어린이들에게는 낯선 일이 아닙니다. 성경을 읽는다는 것은 성경의 신학적 요소와 역사적 요소, 문학적 요소를 모두 발견하고 그 의미를 알아가는 과정입니다. 이제까지 장년들은 신학적 요소와 역사적 요소에 치중한 성경 읽기를 해 왔지만, 어린이들은 상대적으로 문학적 요소가 강조된 성경 읽기를 하고 있습니다. 하지만 막상 성경을 이야기로 접하고 있다고는 하나, 기존 주일학교 교육에서는 아동이 이야기 세계를 충분히 경험하는 것에 중점이 있기보다 성경본문을 이야기로 제시하고 교훈과 설교는 이야기 세계 밖에서 설교자가 제시하는 식으로 교육하고 있으므로, 이야기 세계를 충분히 경험한다고 보기는 어렵습니다. 아동과 성경이야기를 읽을 때에 아동도 성경을 이야기로 받아들이지만 이야기의 의미는 주일학교 교육을 통해 받은 교훈 위주로만 기억하고 스스로 경험하는 것은 낯선 일입니다. 그래서 지도자는 아동이 교훈적 설교에서 벗어나 스스로 이야기 세계를 경험하도록 이끌어 줄 필요가 있습니다.

성경을 이야기로 읽을 때에도 어린이들이 성경 이야기를 이해하는 방식은 어른들의 과정과는 다릅니다. 어린이들이 가진 배경 지식 자체가 어른들과 다르기 때문에 똑같은 이야기도 이해 정도의 차이가 납니다. 예를 들어, '모세가 이스라엘 백성을 이끌어 홍해에 도달했을 때, 뒤에서는 애굽 백성이 쫓아오고 앞에는 홍해가 가로막아 갈 곳이 없었다'는 이야기에서 유치부 어린이들은 이런 질문을 합니다.

"옆으로 도망가면 되잖아요?"

이스라엘 백성이 몇 백명이라고 말해 주어도, 몇 백 명이 얼마나 많은 사람인지 감각이 없기 때문에 이 어린이에게는 홍해가 갈라지는 기적 이야기가 기적으로 경험되지 않습니다.

성경을 이야기 식으로 읽는 것은 이야기로 주어진 성경을 읽으면서 성경이야기 세계 속으로 들어가기 위한 것입니다. 어른들은 성경 이야기 세계 속으로 들어가기 위해 기존에 알고 있던 교훈과 같은 일방적으로 가졌던 지식을 버려야 하는 반면 어린이들은 더 많은 것을 알고 있어야 성경 이야기 세계를 진정으로 경험할 수 있습니다. 그래서 어린이와 성경 이야기를 읽을 때는 먼저 주어진 성경이야기를 어느 정도 이해하고 있는지 파악한 후 미진한 요소를 어린이가 더 알아가도록 이끌어 줌으로써 이야기 세계를 경험하는 일을 도울 수 있습니다.

2) 방법

서사적으로 읽기 단계에서는 성경이야기를 인물, 사건, 배경, 구상 등 이야기 요소별로 읽으며 이야기 자체를 이해하는 과정을 가집니다. 어린이의 경우 요소별로 이야기를 분석하듯이 읽는 작업은 지루하고 어렵게 느껴져 이야기를 어린이의 입장에서 이해하고 새롭게 구성하는 형식으로 진행하였습니다. 이러한 진행에는 현재 소개되고 있는 여러 가지 독후활동을 활용하는 것이 유익합니다.

독후감을 쓰기 위해 이야기의 줄거리를 파악하기 위한 방법으로 육하원칙으로 이야기 구성하기를 사용할 수 있습니다. 육하원칙의 '누가'는 인물에 해당하고, '언제, 어디서'는 배경에 해당하고, '무엇, 어떻게, 왜'는 사건에 해당한다.

독후활동의 한 가지인 나만의 책 만들기 활동을 이용하면 어린이가 이해한 성경이야기를 재구성할 수 있습니다. 육하원칙을 통해 파악한 줄거리로 4페이지 또는 8페이지의 새 이야기책을 만드는 것입니다. 새 이야기책을 만들기 위해서는 육하원칙으로 파악한 줄거리를 진행 순서대로 나열하고 그 연결 과정을 구성하게 됩니다.

등장인물에게 편지 쓰기 활동은 감정 이입을 통한 인물 분석으로 활용할 수 있습니다. '너의 생각과 너의 행동을 보고 너는 어떤 사람이라고 생각했어, 내 생각은 이래~'와 같은 형식으로 편지를 쓰도록 지도할 수 있습니다. 등장인물 흉내내기는 등장인물의 말과 행동을 따라하며 등장인물의 성격을 느껴보는 활동입니다. 등장인물들의 관계를 나타내는 등장인물 관계도 그리기에서는 등장인물들의 중요도와 서로의 관계를 파악하는 활동입니다.

중요 사건을 파악하는 활동으로 마인드맵 그리기를 활용할 수 있습니다. 마인드맵은 중요한 것을 중심으로 연결된 요소들을 그려나가는 활동입니다. 가장 중요한 것을 먼저 그리고 그에 파생된 일들을 그림으로써 중심사건과 주변사건들을 자연스럽게 파악할 수 있습니다. 마인드맵과 비슷한 방법으로 글의 구조도를 그리는 방법도 사용할 수 있습니다. 글의 구조도를 그림으로써 연결된 사건들의 관계를 파악할 수 있습니다.

배경과 구상 파악하기 위한 활동으로는 이야기 내용으로 기사 쓰기를 활용할 수 있습니다. 기사를 쓰기 위해 시간, 공간적 배경을 조사하게 됩니다. 사건을 기술한 뒤 논평을 하기 위해 이야기의 구상을 고려하게 됩니다.

3) 사례

어린이에게 "좋아하는 성경이야기가 있느냐?"고 질문하였을 때는 '성경이야기'라는 단어를 생소해 하였습니다. "좋아하는 성경 인물이 누구냐?"고 질문하니 '삼손'을 꼽았습니다. 이야기는 인물이 배경에 등장해서 여러 가지 사건을 이어가며 형성되는 것이고, 가장 눈에 띄는 요소가 인물이기 때문에 어린이에게 인물을 선택하고 이야기를 선택하였습니다.

일단 성경을 읽기 전에 삼손의 이야기 중에서 생각나는 것을 찾았는데, 삼손이 사자를 죽인 이야기와 삼손이 들릴라에게 비밀을 누설하여 붙잡히게 된 이야기, 삼손이 죽을 때 이야기 세 가지로 정하였습니다.

먼저 첫째 이야기를 육하원칙으로 구성하기로 하고, '누가, 언제, 어디서, 무엇을, 어떻게, 왜'에 해당하는 것을 찾고자 하니 성경을 읽기 전에는 '삼손이 사자를 죽였다'라고만 형성되었습니다. 해당 본문을 읽으면서 '딤나에서 만나, 성령의 힘으로 죽이고, 부모에게 알리지 않았다'는 내용의 이야기가 보강되었습니다. 처음에는 사자를 죽이는 이야기였지만 성경을 읽으면서 배경과 과정, 결과에 대한 내용이 확장되었고 완성된 이야기는 다음과 같습니다.

> 삼손이 사자를 딤나에서 만나 성령의 힘으로 죽이고 부모에게 알리지 않았다.
> 왜? 혼날까봐?

여기서 '왜?'는 지도자의 개입이었고, '혼날까 봐?'는 어린이의 표현입니다.

삼손의 첫번째 이야기에 대한 어린이의 느낌은 '멋있다'였습니다.

둘째 이야기는 먼저 성경본문을 읽고 이야기를 만들었습니다.

완성된 이야기는 다음과 같습니다.

블레셋 사람이 은 1,100세겔을 여자에게 주고
들릴라가 삼손을 유혹해서 비밀을 알아냈다.
삼손이 3번은 거짓말을 하였지만 4번째는 비밀을 알려줬다.
그래서
가사로 끌려가 눈이 뽑히고 맷돌 돌리는 사람이 되었다.

이야기에 대한 느낌으로는

- 은 1,100세겔은 얼마일까?
- 삼손을 유혹하는 댓가는 얼마일까?
- 삼손은 비밀을 말해버려서 싫고
- 들릴라는 돈과 남편을 바꿔서 싫고
- 블레셋 사람들은 삼손의 눈을 빼고 잔인해서 싫다
- 삼손의 두번째 이야기는 바보같다.

셋째 이야기를 만들 때는 어린이가 앞의 두 이야기에 비해 상당히 적극적으로 성경을 읽고 이야기를 구성하였습니다.

완성된 이야기는 다음과 같습니다.

블레셋 군주가 삼손을 웃음거리가 되도록 감옥에서 불러냈다.
블레셋 관중들은 군주의 생각대로 삼손을 웃음거리로 만들었다.
삼손은 기둥을 넘어뜨리며 사람들과 함께 죽는다.
죽을 때 죽인 사람 수가 살아있을 때 죽인 사람 수보다 많았다.
가족들은 내려와 삼손의 시체를 가져다가 아버지의 무덤에 묻었다.

이야기에 대한 느낌은

- 삼손의 마지막 이야기는 믿음의 이야기인 것 같다.

이야기를 다시 구성하는 식으로 서사적 읽기를 진행하면서 간단한 책 만들기를 하여 어린이만의 동화책을 만들었는데 어린이가 그림이 삽입되기를 원하여 직접 그려보게 했습니다.

짧은 시간동안 진행된 이번 사례에서는 이야기 구성요소별로 이야기를 읽어보는 활동은 깊이 있게 하지 못하였으나, 이야기 세계 속으로 어린이가 쉽게 감정이입하고, 이야기 세계의 일들을 경험하는 것을 볼 수 있었습니다.

첫번째 이야기 활동에서는 이야기 구성요소를 발견하여 이야기를 구체화하는 재미를 느낄 수 있었습니다.

두번째 이야기 활동에서는 이야기 배경(돈의 가치)에 대한 관심이 생겼고, 인물의 가치관에 대한 관점(돈을 중요시하는 들릴라, 약속보다 여자를 중요시하는 삼손)을 발견하였고, 자신의 가치관을 이야기에 포함시켜 드러내었습니다.

세번째 이야기 활동에서는 이야기에서 드러난 관점(죽을 때 죽인 사람이 더 많다, 가족이 장사하였다)을 긍정적으로 평가(믿음의 이야기)함으로써 이야기의 관점을 이해하였다.

어린이가 스스로 자신의 의식의 흐름을 위와 같이 서술하지는 않았지만, 이야기를 구성하고 읽는 과정에서 어린이의 사고 과정을 엿볼 수 있었습니다.

나가는 말

우리는 이 책에서 성경에 나오는 이야기들을 읽는 이론적 배경을 살펴보고 실제적으로 읽는 방법을 제시하였습니다.

성경 이야기는 일반 이야기와 달리 성경안의 영감된 이야기이기 때문에 일반 이야기 이론에 영감이론을 덧붙여 성경 이야기의 독특성을 살렸습니다.

성경 이야기를 읽는 방식에서 다양한 성경 이야기를 단편, 중편, 장편 서사로 나누어 다룸으로써 성경 안에 있는 어떤 이야기도 쉽게 읽을 수 있는 실제적 예시를 자세하게 보여 주었습니다.

우리는 다양한 성경 이야기를 읽으면서 비록 이야기의 인물, 사건, 배경 및 구상 등 내용은 다르지만 이 모든 이야기의 이면에 흐르는 거대하고 심원한 물줄기를 찾을 수 있습니다. 이 거대하고 심원한 흐름은 하나님께서 죄인 된 인간을 사랑하시어서 회복하시고자 하는 이야기의 흐름을 만들어냅니다. 이 이야기의 흐름은 과거에 살았던 많은 인물들의 삶속에서 흘렀던 것처럼 오늘을 사는 우리 개개인의 삶속에서도 찰랑거리면서 흐르고 있습니다. 때로는 시원한 생수같이, 때로는 뜨거운 불길같이, 때로는 평온하고 깊이, 때로는 폭풍같이 거세게 흐르기도

합니다. 네명의 저자는 각기 배경, 관점, 성격 및 경험이 다른 세계에 속해서 각자의 세계에서 성경 이야기를 읽는 방식을 소개했습니다. 그러나 서로의 다름에도 불구하고 성경 이야기는 깊고 넓어서 이 모든 차이점들을 다 잊게 할 것입니다.

저자들이 한결 같이 바라는 것은 들어가는 말에서 밝힌 것처럼 몇 해 동안 저자들이 경험했던 성경 이야기의 감동을 아니 그 이상의 감동을 독자 한분 한분이 경험해 보는 것입니다. 그래서, 성경 이야기가 더욱 많이 연구되어지고 많은 독자들에게 사랑을 받아서 우리의 굳어진 신앙과 마음이 더욱 새롭게 되었으면 합니다. 그래서 이 책에서 부족하고 온전치 못한 부분이 보완되고 수정되어 주님의 뜻을 이루는 일에 더욱 귀하게 쓰임 받기를 원합니다.

에스겔의 환상에서 나타나듯이 이 깊고 푸른 하나님 나라의 강물이 성경 이야기라는 수로를 통해서 온 세계 구석구석 흘러 들어갈 것입니다. 메마르고 거친 광야와 같은 심령 속에 하나님의 사랑이 푸르고 빛난 초원을 이루는 그 날을 소망하는 저자들의 기도가 독자들의 마음에 전해졌으면 합니다.

저자 소개

김춘이

계명대학교 일반대학원(Ph. D), 계명대학교 교양교육대학 교수, 기독영성상담연구소 상담부장, 대구 일심교회 교육목사, 성경이야기 상담 전문가『장애인 상담자가 장애인을 만나다』(저서),『기독교의 이해』(공저),『기독교와 대화하기』(공저)외.

김재현

계명대학교 일반대학원(Ph. D), 계명대학교 교양교육대학 초빙교수, 기독영성상담연구소 부설 예안성경연구실 실장, 성경 이야기 상담 전문가『Q의 예수 이야기』(저서),『기독교 교실에 말걸다』(공역) 외,『기독교와 대화하기』(공저)

박인희

경북대학교 심리학과 학사, 계명대학교 대학원 교육학과 석사(상담), 기독영성삼담연구소 대외협력팀장, 울산광역시 청소년상담복지센터 인터넷 전문 상담사, 성경이야기 상담 전문가, 청소년상담사

오우성

서울대학교(B.B.A), 프린스턴신학대학원(M. Div), 드류대학원(Ph. D), 계명대학교 명예교수, 기독영성상담연구소장, 성경이야기 상담 슈퍼바이저,『바울의 갈등과 회심』,『성서와 심리학의 대화』,『데살로니가 전후서』,『성경이야기 상담』(공저) 외